中国建筑业改革与发展研究报告（2018）

——走进新时代与实现新发展

住房和城乡建设部建筑市场监管司

住房和城乡建设部政策研究中心 编著

中国建筑工业出版社

图书在版编目（CIP）数据

中国建筑业改革与发展研究报告（2018）/——走进新时代与实现新发展/住房和城乡建设部建筑市场监管司，住房和城乡建设部政策研究中心编著.—北京：中国建筑工业出版社，2018.10
ISBN 978-7-112-22757-0

Ⅰ.①中… Ⅱ.①住…②住… Ⅲ.①建筑业—经济体制改革—研究报告—中国—2018②建筑业—经济发展—研究报告—中国—2018 Ⅳ.①F426.9

中国版本图书馆 CIP 数据核字（2018）第 223744 号

责任编辑：张智芊
责任校对：王　瑞

　　本书由住房和城乡建设部建筑市场监管司和住房和城乡建设部政策研究中心围绕"走进新时代与实现新发展"这一主题进行编写，全书共五章，分别从中国建筑业发展环境，中国建筑业发展状况，行业改革加快推进、市场环境不断优化，加快转型升级、提高发展质量，走进新时代、实现新发展五方面进行了详细的阐述。附件给出了国务院办公厅关于开展工程建设项目审批制度改革试点的通知、2017～2018 年建筑业最新政策法规概览、2017 年批准发布的国家标准和行业标准、部分国家建筑业情况。

　　本书对于建筑业企业领导层及管理人员明确建筑业的发展方向有很好的参考作用。本书如有需要可与出版社联系，邮箱：1203027534@qq.com。

中国建筑业改革与发展研究报告
（2018）
——走进新时代与实现新发展
住房和城乡建设部建筑市场监管司
编著
住房和城乡建设部政策研究中心
*
中国建筑工业出版社出版、发行（北京海淀三里河路 9 号）
各地新华书店、建筑书店经销
北京佳捷真科技发展有限公司制版
北京建筑工业印刷厂印刷
*
开本：787×960 毫米　1/16　印张：7　字数：107 千字
2018 年 10 月第一版　　2018 年 11 月第二次印刷
定价：**37.00 元**
ISBN 978-7-112-22757-0
（32872）

编　写　说　明

《中国建筑业改革与发展研究报告（2018）》在编撰单位的努力和建筑业各行业协会、企业、媒体、相关单位的大力支持下，继续得以与行业内外读者见面。本期报告有如下几个特点：

1. 围绕既定主题编写。本期报告的主题是"走进新时代与实现新发展"。十九大报告作出了中国特色社会主义进入新时代、我国社会主要矛盾已经转化为人民日益增长的美好生活需要和不平衡不充分的发展之间的矛盾的重大判断，并指出，我国经济已由高速增长阶段转向高质量发展阶段，必须坚持质量第一、效益优先。目前，建筑业生产方式依旧粗放、质量安全事故时有发生、企业核心竞争力不强、工人技能素质偏低，新时代对作为国民经济支柱产业的建筑业发展提出了新要求，赋予了新使命，建筑业提质增效、转型升级的要求更加紧迫，要求建筑业从依靠投资规模扩张的粗放式发展向以创新为驱动的质量效益型转变。建筑业要秉持新的发展理念，转变发展方式，不断提高创新力和竞争力，不断提供更加符合人民群众需求的产品和服务，实现更高质量、更可持续的发展。本期报告在反映建筑业常规发展状况的基础上，集中反映了上述内容。

2. 报告的框架内容。围绕主题，报告由五个部分组成。第一部分分析 2017 年以来我国的宏观经济形势以及工程建设政府监管的工作成果；第二部分全面反映 2017 年我国建筑业包括建筑施工、勘察设计、建设监理与咨询、工程招标代理、对外承包工程等方面的发展状况，反映这一时期的质量安全形势；第三部分反映政府推动建筑业改革发展的情况；第四部分反映建筑业企业改革发展、转型升级的探索实践；第五部分分析建筑业发展面临的形势，提出新形势下促进建筑业发展的对策建议。

3. 以广义的工程建设承包服务主体为对象。 2018 报告以广义的工程建设承包服务主体为对象。虽然建筑施工与勘察设计、工程监理及招标代理等咨询服务属于不同的产业分类领域，但在工程建设领域活动中，形成了紧密关联、相互依托的广义建筑业内涵。所以本报告仍然以包括建筑施工、勘察设计、工程监理和相关咨询服务业为对象。

4. 诚挚致谢。 报告采用了《中国建设报》《建筑时报》等媒体的一些信息，在这里向相关媒体致以诚挚谢意。

由于时间紧迫，工作量大，在编写过程中，难免有一些疏漏和不完善的地方，敬请读者加以指正。

住房和城乡建设部建筑市场监管司
住房和城乡建设部政策研究中心

目　录

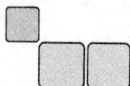

第一章 中国建筑业发展环境

一、宏观经济环境

(一) 中国特色社会主义进入新时代

2017 年 10 月 18 日，中国共产党第十九次全国代表大会在北京召开。大会作出了中国特色社会主义进入新时代、我国社会主要矛盾已经转化为人民日益增长的美好生活需要和不平衡不充分的发展之间的矛盾的重大判断，确立了习近平新时代中国特色社会主义思想的历史地位，明确了新时代的基本方略、奋斗目标、战略安排。《中国共产党章程 (修正案)》将习近平新时代中国特色社会主义思想写入党章，确立为必须长期坚持的指导思想。

十九大报告提出，到 2020 年，全面建成小康社会；到 2035 年，基本实现社会主义现代化；到 21 世纪中叶，把我国建成富强民主文明和谐美丽的社会主义现代化强国。十九大报告指出，要在继续推动发展的基础上，着力解决好发展不平衡不充分问题，大力提升发展质量和效益。发展是解决我国一切问题的基础和关键，发展必须是科学发展，必须坚定不移贯彻创新、协调、绿色、开放、共享的发展理念。必须坚持和完善我国社会主义基本经济制度和分配制度，毫不动摇巩固和发展公有制经济，毫不动摇鼓励、支持、引导非公有制经济发展，使市场在资源配置中起决定性作用，更好发挥政府作用，推动新型工业化、信息化、城镇化、农业现代化同步发展，主动参与和推动经济全球化进程，发展更高层次的开放型经济，不断壮大我国经济实力和综合国力。我国经济已由高速增长阶段转向高质量发展阶段，正处在转变发展方式、优化经济结构、转换增长动力的攻关期，建设现代化经济体系是跨越关口的迫切要求和我国发展的战略目标。必须坚持质量第一、效益优先，不断增强我国经济创新力和竞争力。

（二）国民经济稳中向好

2017 年，党中央、国务院坚持稳中求进工作总基调，贯彻新发展理念，以供给侧结构性改革为主线，推动结构优化、动力转换和质量提升，经济运行稳中有进、稳中向好，实现了平稳健康发展。全年国内生产总值827122 亿元，比上年增长 6.9%；全年城镇新增就业 1351 万人，比上年增加 37 万人；居民收入稳定增长，城镇居民人均可支配收入实际增长 6.5%，农村居民人均可支配收入实际增长 7.3%。

（三）固定资产投资稳定增长

2017 年，全社会固定资产投资 641238 亿元，比上年增长 7.0%（表 1-1、图 1-1、图 1-2）。其中固定资产投资（不含农户）631684 亿元，增长 7.2%。分区域看，东部地区投资 265837 亿元，比上年增长8.3%；中部地区投资 163400 亿元，增长 6.9%；西部地区投资 166571亿元，增长 8.5%；东北地区投资 30655 亿元，增长 2.8%。

2013～2017 年固定资产投资、建筑业总产值规模及增速　　表 1-1

类别/年份	2013	2014	2015	2016	2017
固定资产投资(亿元)	446294	512021	562000	606466	641238
固定资产投资增速(%)	19.1	14.7	9.8	7.9	7.0
建筑业总产值(亿元)	160366.06	176713.42	180757.47	193566.78	213953.96
建筑业总产值增速(%)	16.9	10.2	2.3	7.1	10.5

数据来源：固定资产投资数据引自国家统计局《中国统计年鉴》《2017 年国民经济和社会发展统计公报》；建筑业总产值数据引自国家统计局《中国统计年鉴》《2017 年建筑业企业生产情况统计快报》。

二、政府监管与服务

（一）建筑市场

2017 年，住房城乡建设部以落实《国务院办公厅关于促进建筑业持续健康发展的意见》为主线，以深化建筑业重点环节改革为核心，以

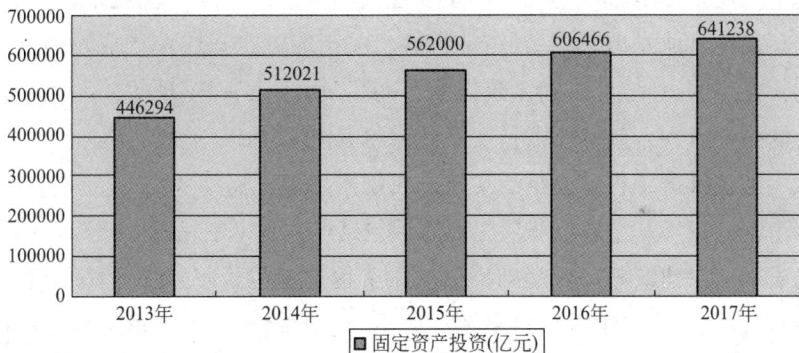

图 1-1　2013～2017 年全社会固定资产投资规模

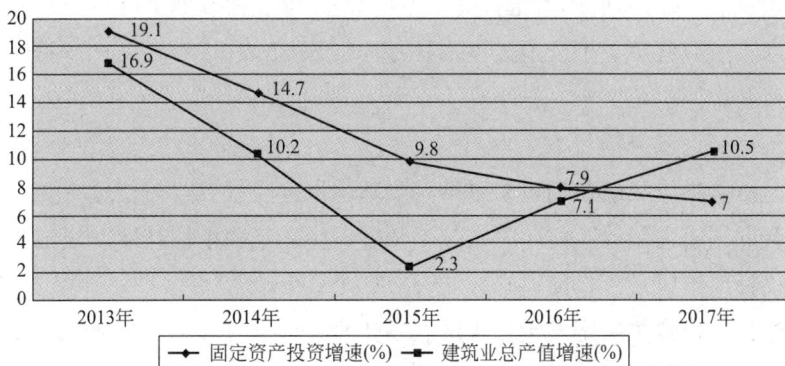

图 1-2　2013～2017 年固定资产投资增速、建筑业总产值增速

推动建筑企业发展为目标，加强建筑市场监管，深入推进建筑领域"放管服"改革，促进建筑业持续健康发展。

1. 深入推进行业改革和发展

构建新时代行业发展体制机制。2017 年 2 月，《国务院办公厅关于促进建筑业持续健康发展的意见》（以下简称《意见》）颁布，指出了新时代建筑业改革发展的方向，明确了主要目标和政策措施。《意见》是继 1984 年以来，时隔 33 年由国务院为建筑业出台的文件，是今后一段时间建筑业改革发展的纲领性文件。住房城乡建设部积极统筹推进《意见》的贯彻落实，会同国家发展改革委等 18 个部门制定分工方案，明确工作职责和任务，着力构建新时代建筑业发展体制机制。为推进行业

改革发展，住房城乡建设部印发《建筑业发展"十三五"规划》《工程勘察设计行业发展"十三五"规划》《关于促进工程监理行业转型升级创新发展的意见》，明确了建筑业、勘察设计、工程监理等领域改革发展的指导思想、基本原则、发展目标和工作任务。

加快推进工程建设组织实施方式变革。住房城乡建设部推广工程总承包制，指导 9 个省市开展工程总承包试点，制定细化配套政策，起草完成《房屋建筑和市政基础设施项目工程总承包管理办法》（征求意见稿），推进工程总承包项目落地。据不完全统计，中央城市工作会议以来，全国实行工程总承包的房屋建筑和市政工程项目 1264 个，合同金额 2719 亿元。推进全过程工程咨询服务，印发《关于开展全过程工程咨询试点工作的通知》，选择 9 个省市和 40 家企业开展全过程工程咨询试点，研究起草了推进全过程工程咨询服务发展的指导意见、技术标准框架和合同示范文本。据不完全统计，截至 2017 年底，全国实施全过程工程咨询服务项目 127 个。

探索推进建筑市场机制改革。改革承发包监管方式，住房城乡建设部会同国家发展改革委印发《关于开展房屋建筑和市政基础设施工程招标投标改革试点工作的通知》。选择 10 个省市，开展民间投资建筑工程由建设单位自主决定发包方式试点。在北京、上海、广东等地选择 5 个采用常规通用技术标准的工程项目，开展最低价中标试点。推进工程担保制度，研究起草《关于进一步推进工程担保的指导意见》，在部分地区试点推行对于信用良好、具有相关专业技术能力、能够提供足额担保的企业，在其资质类别内放宽承揽业务范围限制。

创新发挥建筑师作用机制。完善建筑设计招投标决策机制，修订发布《建筑工程设计招标投标管理办法》（住房城乡建设部令第 33 号）。推进设计团队招标试点，在冬奥会延庆赛区、张家口赛区工程建设项目的设计招标中开展设计团队招标试点。推进建筑师负责制，开展建筑师负责制制度研究，在上海、广西等地开展建筑师负责制试点，起草完成《在民用建筑工程中推进建筑师负责制的指导意见》（征求意见稿）。据不完全统计，截至 2017 年底，全国共有 36 个项目采用建筑师负责制。

　　加快培育建筑产业工人队伍。推动建筑劳务用工制度改革，在安徽、浙江、陕西 3 省开展建筑劳务用工制度改革试点。起草完成《关于培育新时期建筑产业工人队伍的指导意见》（征求意见稿），加强建筑产业工人队伍建设的顶层设计，提出促进专业作业企业发展、加强工人技能培训和技能鉴定、保护工人权益等方面的政策措施。

　　2. 加强建筑市场监管

　　继续清理规范工程建设领域保证金。加快完善保证金管理制度，住房城乡建设部会同有关部门修订印发《工程质量保证金管理办法》《建设工程施工合同示范文本》，把工程质量保证金的上限由 5％降至 3％、明确可用银行保函替代现金保证、缴纳履约保证金的不得同时预留工程质量保证金等内容。据统计，2017 年企业减少缴纳质量保证金约 2800 亿元，完成了国务院确定的减轻企业负担目标。加快推行银行保函，住房城乡建设部会同国资委印发《关于进一步推动中央企业工程建设领域保证金保函替代工作有关事项的通知》，提出在中央企业范围内要用银行保函、财务公司保函替代现金保证金等政策措施。加强监督检查，印发《住房城乡建设部办公厅关于报送工程建设领域保证金缴纳情况的通知》，定期汇总各地工程建设领域保证金缴纳情况，并对在国务院督查中发现 2 个省市违规收取保证金问题进行调查处理，督促地方严格落实清理规范工程建设领域保证金工作。据统计，2017 年建筑业企业累计缴纳保证金 2.38 万亿元，其中保函形式缴纳约 5665.51 亿元，占 23.76％。

　　推动建筑市场信用体系建设。加强诚信制度建设，印发《建筑市场信用管理暂行办法》，探索建立建筑市场主体黑名单制度。推进失信联合惩戒，2017 年住房城乡建设部与国家发展改革委等部门签订 5 个联合惩戒备忘录，对严重失信主体在资质审批、招标投标、施工许可核发等方面依法实施限制，营造"一处失信、处处受限"的市场环境。印发《住房城乡建设部办公厅关于扎实推进省级建筑市场监管一体化工作平台建设的通知》，修订《全国建筑市场监管与诚信信息系统基础数据库数据标准（试行）》，完善全国建筑市场监管公共服务平台，不断提高建筑市场监管信息化水平。

加大建筑市场违法违规行为的查处力度。住房城乡建设部加大企业资质和人员资格申报弄虚作假查处力度，2017年共对提供虚假材料骗取资质资格的8家企业和51名注册人员撤回资质证书或撤销注册执业资格，对提供虚假材料申请资质资格的67家企业和25名专业人员通报批评。加强对发生质量安全责任事故企业和人员的查处，2017年共对2家涉及安全事故责任的企业处以停业整顿、降低资质等级的行政处罚，对4名涉及安全事故责任的注册人员处以吊销注册证书、停止执业的行政处罚。起草《关于建筑施工企业母公司承接工程交由子公司实施是否属于转包以及行政处罚两年追溯期认定法律适用问题的请示》报全国人大法工委，得到答复肯定。修订《建筑工程施工转包违法分包认定查处办法》，定期通报全国建筑工程发承包违法违规行为查处情况，督促地方持续保持对建筑工程施工转包、违法分包、挂靠等违法违规行为查处力度。2017年各地共查处10448个项目存在各类建筑市场违法行为，查处存在违法违规行为的建设单位4155家，施工企业7423家。

3. 深入推进行政审批制度改革

放宽行业市场准入。印发《住房城乡建设部办公厅关于取消工程建设项目招标代理机构资格认定加强事中事后监管的通知》，自2017年12月28日起，停止招标代理机构资格的受理和审批。印发《住房城乡建设部民航局关于进一步开放民航行业工程设计市场的通知》，修订《工程监理企业资质管理规定》《工程设计资质标准》和《施工总承包特级资质标准》，简化企业资质标准条件，减少企业资质申报材料，释放市场活力。

简化施工许可管理。起草《关于压缩建筑工程施工许可水气报装时间的通知》，要求各级住房城乡建设主管部门清理违法设置的建筑工程施工许可前置条件和"搭车"事项，取消没有法律法规依据的申请材料，大力推行施工许可网上办理。印发《关于工程总承包项目和政府采购工程建设项目办理施工许可手续有关事项的通知》，进一步完善施工许可制度，明确了工程总承包项目和政府采购工程建设项目办理施工许可证的相关要求。

加强行政审批制度建设。制定来访接待、资质审批特殊扶持政策等管理办法，对涉及资质资格审批事项的来访全面实施登记制度，规范来访接待行为，规范资质审批特殊扶持政策程序，明确有关纪律要求，防止审批权力滥用。制定《建设工程企业资质评审专家考评办法》，加强建设工程企业资质评审专家考评管理，规范评审专家行为，提高评审质量。修订《注册建造师管理规定》和《监理工程师注册管理工作规程》，简化申报程序，强化执业责任，不断完善个人执业资格管理制度。

加大资质审批监督力度。严厉打击建筑业企业资质申报中弄虚作假行为，开展企业业绩实地核查，共对江西、福建、河南、安徽、四川等5省的130家施工企业的申报业绩进行现场实地核查，对其中存在弄虚作假行为的39家企业依法进行了查处。加大投诉举报的调查核实力度，做到"一事一登记"和"有问题必核查、有举报必回复"。

创新资质资格审批方式。印发《住房城乡建设部办公厅关于简化监理工程师执业资格注册申报材料有关事项的通知》《住房城乡建设部办公厅关于进一步推进勘察设计资质资格电子化管理工作的通知》，住房城乡建设部负责审批的建设工程企业资质以及勘察设计注册工程师、监理工程师均已实行电子化申报审批，简化了申报材料，提高了审批效率。印发《建筑业企业资质告知承诺审批试点方案》，在上海、浙江、北京等3省市开展资质审查承诺制试点。探索开展"互联网＋"审批方式，在上海试行企业资质申报信息自动比对和建设工程企业电子化资质证书。

（二）质量安全

2017年，住房城乡建设部认真落实中央城市工作会议和《国务院办公厅关于促进建筑业持续健康发展的意见》精神，巩固和拓展工程质量治理两年行动成果，组织开展工程质量安全提升行动，围绕"落实主体责任"和"强化政府监管"两个重点，严格监督管理，严格责任落实，提高工程技术创新能力，全国工程质量安全水平稳步提升。

1. 深入开展工程质量安全提升行动

全面启动工程质量安全提升行动。住房城乡建设部认真贯彻落实《中共中央　国务院关于开展质量提升行动的指导意见》，研究制定住房城乡建设部实施方案。印发《工程质量安全提升行动方案》，部署各地迅速组织开展提升行动。

狠抓提升行动工作落实。住房城乡建设部建立季度通报制度，要求各地按季度报送工程质量安全提升行动进展情况，督促各地严格落实工作部署。印发《住房城乡建设部关于开展工程质量安全提升行动试点工作的通知》，决定在 23 个省（区、市）开展监理单位向政府报告质量监理情况、工程质量保险等 8 项试点。

加强监督执法检查。住房城乡建设部组织开展工程质量安全提升行动督查，分 3 批对 20 个省（区、市）的 100 个在建项目进行了检查，对 22 个违反工程建设强制性标准和存在质量安全隐患的工程项目下发了执法建议书，并对相关责任企业和人员进行全国通报。同时，对受检地区质量监督队伍建设和经费保障情况进行了督查。

开展质量管理标准化。住房城乡建设部印发《关于开展工程质量管理标准化工作的通知》，明确工作目标、主要内容和重点任务，推进质量行为标准化和工程实体质量控制标准化，建立质量责任追溯、岗位责任、样板示范等制度。

深入开展住宅工程质量常见问题专项治理。住房城乡建设部组织召开全国住宅工程质量常见问题专项治理总结现场会，观摩示范工程，交流各地专项治理工作成果和经验，推进专项治理工作常态化、制度化。

夯实质量监管工作基础。住房城乡建设部会同财政部修订印发《建设工程质量保证金管理办法》，降低工程质量保证金预留比例。配合国家质检总局制定印发《关于进一步加强建筑钢筋质量监管 严惩"瘦身"钢筋等违法行为的通知》，严格建筑钢筋质量监管。加强工程质量保险制度研究，推进工程质量保险试点工作。

2. 加强建筑安全监管

扎实推进制度建设。住房城乡建设部起草部门规章《危险性较大的分部分项工程安全管理规定》，报国务院法制办公开征求意见。印发关于进一步加强危险性较大的分部分项工程安全管理的通知等文件，强化施工安全管控责任。研究起草关于加强建筑施工安全生产诚信体系建设的指导意见，推动建立不良信用记录及"黑名单"等制度。

狠抓监督检查和执法工作。住房城乡建设部部署开展全国建筑施工安全生产大检查，深入开展以深基坑工程、模板支撑系统、起重机械等为重点的专项整治活动，强化隐患排查治理，严格监督执法。印发《住房城乡建设部办公厅关于严厉打击建筑施工安全生产非法违法行为的通知》，加大对非法违法行为惩处力度。

强化事故查处和应对防范措施。住房城乡建设部按月度和季度对全国房屋市政工程生产安全事故情况予以通报，对 23 起较大事故启动督办程序。约谈事故多发地区住房城乡建设主管部门负责人，督促地方认真落实安全生产监管职责。

加强安全生产基础建设。稳步推进安全生产监管信息化建设，研究建立全国建筑施工安全监管共享交换数据平台，促进各地区监管工作信息共享和业务协同。部署开展 2017 年住房城乡建设系统"安全生产月"活动，促进提高行业安全意识。举办全国建筑施工安全监管人员培训班，对 200 名来自各地区住建部门、安全监督机构以及有关单位的建筑施工安全监管工作人员开展教育培训。

3. 持续推进行业技术进步

加大技术进步推进力度。住房城乡建设部组织编制并印发《建筑业10 项新技术》（2017 版），总结提炼关键共性技术，突出绿色、节能、信息化、装配式建筑等重点领域技术应用，全面提升工程技术水平。

加强勘察设计质量监管。按照"放管服"改革要求，住房城乡建设部配合国务院法制办修订《建设工程质量管理条例》《建设工程勘察设计管理条例》，进一步完善施工图审查制度。组织开展部分地区勘察设计质量监督执法检查，促进勘察设计质量提升。

提高建筑设计水平。住房城乡建设部研究起草大型公共建筑工程后评估管理暂行办法，组织开展后评估试点，初步建立后评估指标体系。在相关媒体开设专栏，宣传落实新时期建筑方针，引导建筑设计理念和实践。

4. 提升城市轨道交通工程风险防控能力

加强制度建设。住房城乡建设部开展城市轨道交通工程风险分级管控和隐患排查治理双重预防试点。印发《住房城乡建设部办公厅关于加强城市轨道交通工程关键节点风险管控的通知》，指导各地有效防范事故发生。推进质量安全标准化管理工作，组织标准化现场观摩，研究起草相关标准化管理文件。

开展重点城市监督检查。住房城乡建设部组织开展对发生较大事故和新开工城市轨道交通工程专项督查，共检查 13 个在建项目，书面反馈意见 321 条。

强化事故查处督办。住房城乡建设部加大城市轨道交通工程质量安全事故查处力度，对 3 起较大事故进行通报督办。参加国家质检总局牵头的西安地铁问题电缆联合调查工作，指导各地加大对轨道交通工程进场材料、设备的检查力度。

加强教育培训。住房城乡建设部组织开展各省（区、市）轨道交通工程质量安全监督管理人员培训，提升轨道交通工程质量安全整体管理水平。

5. 提升城乡建设抗震防灾水平

加强法规制度建设。印发《〈国家综合防灾减灾规划（2016—2020）〉部内任务分工方案》，推动相关任务落地。加快推进《建设工程抗震管理条例》研究起草工作，已列入 2018 年立法计划。

加强建筑工程抗震设防管理。落实第 5 代动参数区划图关于取消不设防区的要求，推进我国国土上建筑工程全面设防。加强超限高层建筑工程抗震设防审查和隔震减震工程质量监管。2017 年，全国共开展超限高层建筑工程抗震设防专项审查 1612 项，开工建设隔震减震工程2648 栋。

提高地震应急处置能力。加强与有关部门协调配合，参与国务院抗震救灾指挥部应急准备工作督查，定期参加国家减灾委办公室全国自然灾害情况部际会商。组织开展震后房屋建筑安全应急评估培训，提升住房城乡建设系统地震应急处置能力。

积极应对地震灾害。四川九寨沟 7.0 级、新疆精河县 6.6 级、新疆塔什库尔干县 5.5 级地震发生后，住房城乡建设部及时启动应急响应，指导地方开展地震应对工作，支持灾区开展震后房屋安全应急评估，消除次生灾害隐患。

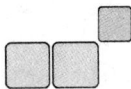

（三）工程建设标准定额

2017 年，住房城乡建设部紧紧围绕党中央国务院决策部署及住房城乡建设中心工作，以改革创新为动力，继续深化标准定额改革，完善标准定额体系，增强工程建设标准定额支撑经济社会发展能力。

1. 着力推进改革

启动工程建设标准体制改革。一是研究制订工程建设标准体制改革方案。针对目前工程建设标准存在的刚性约束不足、体系不尽合理、指标水平偏低、国际化程度不高等问题，提出建立强制性工程建设规范为统领、标准为支撑、合规性判定为拓展的新模式，以标准改革促进工程建设领域供给侧结构性改革，整体提高建设质量和效益。完成《工程建设标准体制改革方案（初稿)》并征求了有关单位意见。二是启动构建国家全文强制工程建设规范体系。逐步取消现行强制性条文，建立全文强制性工程建设规范体系，确保底线不破。第一，在住房城乡建设领域，以城乡规划、建筑工程、市政工程为试点，启动 38 项工程建设规范研编工作。第二，研究提出了国家工程建设规范体系框架，拟于 2018 年全面启动研编。三是积极培育发展团体标准，优化标准供给结构。按照"市场主导、诚信自律、创新驱动"的原则，充分放开团体和企业标准，增强标准市场化供给活力，为下一步工程建设团体标准的蓬勃发展奠定制度基础。

推进建筑市场人工单价改革。一直以来，建筑工程定额人工单价组成偏离市场的矛盾，关系着建筑企业农民工切身利益，备受行业关注。2017 年以来，通过深入调研，广泛听取全国造价管理部门意见建议，多次在全国专家研讨会上专题研究，在制定出台的加强和改善工程造价监管意见中，改革计价依据中人工单价的计算方法，使其更贴近市场，满足市场实际需要。扩大人工单价计算口径，及时调整人工消耗量。同时，要求全国造价管理机构发布的人工单价信息更加直接地反映市场实际价格，为农民工获取合理利益提供服务。

2. 完善标准定额体系

截至 2017 年 12 月 31 日，2017 年共批准发布 204 项工程建设标准，

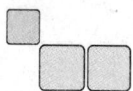

其中国家标准 96 项，行业标准 51 项，产品标准 57 项。发布工程项目建设标准及方法参数 11 项。批准发布 2 套 3 册全国统一消耗量定额。翻译工程建设标准外文版 21 项。备案水利、电力、煤炭等各领域工程建设行业标准 141 项；备案工程建设地方标准 529 项。

加强重点标准的编制。一是落实《中共中央 国务院关于推进安全生产领域改革发展的意见》（中发〔2016〕32 号）中关于"强化城市运行安全保障，提高基础设施安全配置标准"的要求，修订发布了《城市桥梁养护技术规范》，进一步完善了桥梁突发事件及灾害应急预案、抗倾覆性加固改造、抗震加固等内容。二是落实《国务院办公厅关于进一步激发社会领域投资活力的意见》（国办发〔2017〕21 号）中关于"扎实有效放宽行业准入，修订完善养老设施、建筑设计防火等相关标准"的要求，组织对《老年人照料设施建筑设计标准》《建筑设计防火规范》开展修订，放宽相应准入条件，已公开征求意见。三是落实关于推广装配式建筑的要求，发布了《装配式混凝土建筑技术标准》《装配式钢结构建筑技术标准》《装配式木结构建筑技术标准》，对不同结构形式的装配式建筑分别进行了技术规定。四是落实推广综合管廊相关要求，组织制订《城镇综合管廊监控与报警系统工程技术规范》《城市地下综合管廊运行维护及安全技术标准》，进一步细化完善综合管廊相关技术要求。五是落实海绵城市建设相关要求，发布了《城镇雨水调蓄工程技术规范》《城镇内涝防治技术规范》，继续完善海绵城市相关标准体系。六是贯彻落实绿色发展理念以及习近平总书记关于"提高建筑标准和工程质量"等指示精神，开展了提高建筑标准，推进绿色发展专项工作，抓紧开展《民用绿色建筑建设标准》等建设标准的编制工作。七是组织开展建筑门窗、防水、装修、可再生能源应用 4 个领域标准提高研究工作，编制完成了 4 个专项的标准关键指标技术发展报告，为下一步修订相关标准提供了技术依据。

构建科学的计价依据体系。一是服务全过程工程造价管理工作，着重完善工程前期计价依据。组织修订《城市轨道交通工程概算编制办法》；修编《城市地下综合管廊工程投资估算指标》《海绵城市建设工程投资估算指标》。通过强化前期投资估算、概算指标编制，为确定建设

投资、控制工程造价提供了依据。二是坚持市场决定工程造价，大力推动共享定额编制。为满足我国新型城镇化建设和建筑业转型发展需求，坚持市场决定工程造价，积极组织全国力量，共编共享计价依据。为满足老旧小区改造计价需要，开展《房屋修缮工程消耗量定额（10 册）》修编；配合节能标准提高，编制节能门窗、地源热泵和防水工程造价指标；促进绿色和生态发展，编制《全国园林绿化养护概算定额》《城市地下综合管廊工程消耗量定额》，修编《园林绿化工程消耗量定额》；为服务工程建设总承包，组织制定了《建设项目工程总承包费用项目组成》《建设项目总投资费用项目组成》，征求国务院有关部门意见。计价依据共编共享，既降低了各省市造价管理机构编制工作量，提高了编制效率，又打破地区、行业壁垒，助力统一建筑市场的形成。

3. 抓好标准编制和造价管理日常工作

科学制定计划、开展标准复审和标准中译英等工作，对在编标准督促加快编制进度，启动工程造价指数指标动态化管理，完善工程造价监管机制。

加强工程项目建设标准编制工作管理。围绕当前国家投资体制改革关于完善工程项目建设标准的要求，按照"打基础、抓重点、立规矩"的工作思路，住房城乡建设部会同发展改革委抓紧开展 100 多项工程项目建设标准的编制。完成对 175 项已批准发布工程项目建设标准的清理，会同国家发展改革委印发《住房城乡建设部 国家发展改革委关于废止部分建设标准项目的通知》（建标〔2017〕118 号），废止 68 项工程项目建设标准，其中有些标准是 80 年代发布的。

启动工程造价数据监测工作。为进一步合理和有效控制工程造价，改革工程造价咨询企业由事前资质核准向事中事后全过程监管转移，2017 年 3 月起，先后在北京、内蒙古、福建等 10 个地区开展工程造价试点监测。通过工程造价数据监测，落实"放管服"的要求，运用现代科技创新造价监管方式，发布各类工程建设价格指标、指数，有效利用巨大的造价数据资源，对工程建设市场的预测预判等宏观决策提供支持。目前，已形成阶段性成果，并在全国范围内全面开展。

完善工程造价监管机制。为进一步贯彻落实国务院"放管服"改革等文件精神,立足行业发展,完善工程计价制度,起草完成《工程造价事业发展"十三五"规划》《加强和改善工程造价监管的意见》等文件。会同交通运输部、水利部、人力资源社会保障部联合印发了《造价工程师职业资格制度规定》《造价工程师职业资格考试实施办法》。优化企业资质和人员资格审批,为企业减轻负担,提高审批效率,2017年完成工程造价咨询企业乙升甲资质审核441家,745家甲级企业资质延续,造价工程师注册20505人,开展第三批造价工程师与香港地区工料测量师互认188人。

组织开展工程造价管理课题研究。组织开展了工程造价纠纷调节机制、工程造价咨询企业国际化战略等课题研究,为下一步工程造价管理工作改革奠定基础。

4. 标准实施指导监督稳步推进

不断强化对各类工程建设标准实施的指导,突出重点任务落实,稳步推进标准实施监督工作。

积极开展标准宣传和推广活动。一是对全国31个省(区、市)和新疆生产建设兵团工程建设标准化工作有关负责同志进行工程建设地方标准化工作管理干部培训,指导各地进一步做好地方工程建设标准化工作。二是印发《住房城乡建设部标准定额司 建筑节能与科技司关于做好装配式建筑系列标准培训宣传与实施工作的通知》,指导各地开展装配式建筑标准的编制及宣传贯彻。三是指导有关单位,针对装配式建筑、建筑节能、城市轨道交通等重要标准,开展宣贯培训。四是继续推进中国工程标准"走出去"。开展英国、德国、欧盟民用建筑标准管理性规定研究,形成研究报告,为我国工程标准的管理及实施监督提供参考;组织编制中国工程建设标准使用指南,为我国标准在国际项目的使用提供指导。

深入推进标准实施监督改革。一是组织编制建筑门窗、防水、装修等领域品牌建设指南,对各重点领域品牌建设的整体规划和实施路径进行研究,推动住建领域品牌发展。二是组织开展《实施工程建设强制性标准监督规定》(建设部81号令)修订前期研究工作,总结工程建设强

制性标准实施情况随机抽查试点工作经验。

推动重点领域标准实施。一是贯彻落实《国务院办公厅关于加快高速宽带网络建设推进网络提速降费的指导意见》（国办发〔2015〕41号），继续开展光纤到户国家标准执行情况联合检查工作。与工信部联合印发《工业和信息化部办公厅　住房城乡建设部办公厅关于开展2017年光纤到户国家标准执行情况联合检查工作的通知》，在全国范围开展光纤到户国家标准贯彻实施情况大检查工作，对广东、海南等7个省（区、市）和新疆生产建设兵团进行了抽查，实现了对31个省（区、市）和新疆生产建设兵团的抽查全覆盖。二是落实化解产能要求，继续开展高性能混凝土推广应用试点工作。

推进养老服务和无障碍设施建设。一是积极准备政协双周协商会工作。住房城乡建设部会同民政部、中国残联、全国老龄办组成5个检查组，赴河北等15个省（区、市）开展《无障碍环境建设条例》贯彻实施情况检查。二是遵照国务院领导在《政协信息双周协商座谈会专报》（总第68期）"关于无障碍环境建设的建议"上的重要批示，住房城乡建设部多次组织有关部门和无障碍建设专家专题研究无障碍环境建设工作，起草报国务院的材料。三是推进养老服务设施建设，推进老旧小区无障碍改造试点。根据国务院督查计划安排，组织赴山东、山西开展全面放开养老服务市场专项行动督查。

指导产品质量认证工作。一是按照《新型城镇化规划（2014－2020年)》要求，推动在建筑施工领域质量管理体系认证中应用《工程建设施工企业质量管理规范》；为完善绿色建筑认证体系，开展了绿色建材、绿色建筑与绿色生产认证协同发展研究以及装配式建筑认证研究。二是推动国家认监委批准成立国家建筑幕墙门窗质量监督检验中心。三是与国家质检总局、国家认监委共同主办2017年"世界认可日"中国主场活动。

（四）地方政府举措

深化改革促进建筑业持续健康发展。2017年2月，《国务院办公厅关于促进建筑业持续健康发展的意见》（国办发〔2017〕19号）发布后，各地积极贯彻落实，山东、云南、浙江、辽宁、福建、山西等多个地方政府出台实施意见，从深化建筑业简政放权改革、激发企业发展活力、优化建筑市场环境、转变工程建设组织模式、提升质量安全水平等方面提出具体措施，推进建筑业改革发展。

《山东省人民政府办公厅关于贯彻国办发〔2017〕19号文件促进建筑业改革发展的实施意见》（摘要）

培育旗舰企业。 引导和鼓励省内骨干建筑业企业通过兼并重组、股权置换等方式组建大型企业集团，形成山东行业发展新优势，打造"齐鲁建造"高端品牌；通过与大型房地产企业战略合作，拓展产业链条，增强融资能力；通过与交通、水利、民航、电力、铁路、化工等大型央企、省外骨干企业组成战略联盟，共同开拓市场，壮大自身实力。在全省开展创建"建筑强市、强县、强企"活动，对排名分列前五的市、前十的县、前三十的企业，各级政府可出台激励政策给予扶持。力争到2020年，全省培育建筑业特级企业33家、一级企业1100家，年产值过1000亿元企业1家、过500亿元企业5家、过100亿元企业30家。

深化简政放权改革。 放宽承揽业务范围，对具有相关专业技术能力、能够提供足额担保、信用良好的房建、市政企业，允许其承接资质类别内上一等级资质范围的工程。建筑业企业安全生产许可涉及的相关审核事项按程序委托下放设区的市住房城乡建设主管部门实施。探索建设领域资质、资格多证合一。放宽工程建设项目招标规模标准，非国有资金投资项目允许业主自主决定发包方式。全面实行电子招标投标和实时在线监督，逐步推行远程异地评标。对重大基础设施和民生项目开辟绿色通道，实行容缺受理、并联审批。到2018年12月31日，停止实施主管部门代收、代拨建筑施工企业养老保障金制度，由建设单位在开工前按照定额费率直接向施工企业支付，并将收款凭证作为办理施工许可证的要件。全面放开建筑市场，企业在山东省建筑市场监管与诚信信息一体化平台注册后即可在全省范围内承揽业务。

强化事中事后监管。建立健全建筑市场动态监管制度，对放宽下放的各类资质、资格审核许可事项，坚持放管结合，加强后续监管和效能评估；对新进入建筑市场的企业，加强技术指导和跟踪服务；对取得资质的企业实施动态核查，确保其技术管理能力与承揽业务相适应。完善工程合同备案制度，保护合同当事人的合法权益，经备案的项目作为有效业绩认定依据。加强对建筑业企业和人员招标投标、合同履约等行为的监督检查，严厉查处肢解发包、转包、违法分包、围标串标等违法违规行为。

减轻企业负担。建筑领域工程质量保证金预留比例上限由5%降至3%。加强对建筑业"营改增"税收政策的研究，完善抵扣链条，改进跨县（市、区）施工税收征管，确保企业税负只减不增。企业从事技术转让、开发和与之相关的技术咨询、技术服务免征增值税。企业在一个纳税年度内符合条件的技术转让所得不超过500万元的，免征企业所得税；超过500万元的部分，减半征收企业所得税。在政府投资工程、装配式建筑和实行工程总承包的项目中试点推行工程保险和担保制度。支持参建各方以保函、保险、担保方式降低运营成本，相关单位不得拒绝企业以保函、保险、担保方式代替各类保证金。建设单位凡要求承包企业提供履约担保的，必须对等提供工程款支付担保，否则视为建设资金未落实，不予办理施工许可证。

规范工程价款结算。严格执行工程预付款、进度款、竣工结算和工资支付制度。建设单位应按合同约定的计量周期和工程进度足额向承包单位支付工程款，不得将未完成审计作为延期工程结算、拖欠工程款的理由。对未完成竣工结算的项目不予办理产权登记，对拖欠工程款1年以上的建设单位不批准新项目开工，对拖欠农民工工资的施工企业限制承接新项目。

改革建筑用工模式。全面落实劳动合同制度，实行建筑工人实名制管理，促进建筑农民工向产业工人转型。施工总承包、专业承包企业应当保有一定数量的骨干技术工人队伍。推动建筑劳务企业转型，取消建筑劳务资质认定，大力发展木工、水电工、砌筑、钢筋制作等以作业为主的专业企业，作为建筑工人的主要载体，逐步实现建筑工人公司化、专业化管理。鼓励具有一定管理能力的班组长组建作业专业企业，符合相关条件的，落实小型微利企业所得税优惠等税收减免扶持政策。

强化工程建设质量安全监管。 2017 年，各地住房城乡建设主管部门继续强化工程建设质量安全监管，防范事故发生。北京市住房和城乡建设委员会印发《关于进一步强化建筑施工企业安全生产主体责任的通知》，在全市建筑施工总承包特级和一级资质企业推行企业安全总监制度，在建筑面积 10 万 m^2 及以上的房屋建筑工程、合同价在 2 亿元及以上的市政基础设施工程（含轨道交通建设工程）以及申报创建"北京市绿色安全工地"的工程中推行项目施工总承包单位安全总监制度，推动企业落实安全生产主体责任。山东省住房和城乡建设厅发布实施《建筑施工企业安全生产风险分级管控体系细则》《建筑施工企业生产安全事故隐患排查治理体系细则》，建立完善安全生产风险分级管控和隐患排查治理双重预防机制，进一步落实企业主体责任。广西壮族自治区住房和城乡建设厅印发《关于健全完善建筑施工安全生产"严管重罚　惩防并举"长效机制的实施意见》，明确了严管工程和严管地区的认定标准和退出标准，并通过采取评优评先一票否决、责令限期停工整改、安全生产约谈警示、暗访组不定期暗访等措施，倒逼施工企业落实安全生产主体责任。

规范建设工程招投标市场。 针对建设工程招标投标过程中出现的虚假招标、围标串标、低价竞标等问题，上海市完善制度设计、规范招投标行为，新版《上海市建设工程招标投标管理办法》（上海市人民政府令第 50 号）2017 年 1 月颁布。该办法突出分类监管、放管结合，加强事中事后监管，进一步强化了招标人自主权和责任。

《上海市建设工程招标投标管理办法》(摘要)

政府投资的建设工程，以及国有企业事业单位使用自有资金且国有资产投资者实际拥有控制权的建设工程，达到法定招标规模标

准的，应当在市或者区统一的建设工程招标投标交易场所（以下简称"招标投标交易场所"）进行全过程招标投标活动。

其他建设工程，达到法定招标规模标准的，可以由招标人自行确定是否进入招标投标交易场所进行招标投标活动。招标人决定不进入招标投标交易场所的，应当依法自行组织招标投标活动；建设行政管理部门可以提供发布公告公示和专家抽取服务。

采用资格后审方式招标的，招标人可以选择是否采用投标人筛选方式进行招标。未采用投标人筛选方式，投标人少于 3 人的，招标人应当重新招标。采用投标人筛选方式，经筛选入围的投标人少于 15 人的，应当重新招标。

投标筛选条件限于投标人的信用、行政处罚、行贿犯罪记录以及投标人在招标人之前的工程中的履约评价。投标筛选条件以及履约评价不合格的名单应当在招标公告中予以明示。投标人筛选违反以上规定的，在 1 至 3 年内不得再采用投标人筛选的方式进行招标。

评标委员会按照评标办法完成评标后，招标人应当依法公示中标候选人，公示期满后，招标人可以确定排名第一的中标候选人为中标人，也可以在对中标候选人的投标书进行复核澄清后，确定中标人。

招标人采用复核澄清方式确定中标人的，评标委员会应当推荐 2~3 名中标候选人。招标人应当复核第一中标候选人的投标价是否能完成招标文件规定的所有工程内容，招标人可以要求中标候选人对投标文件进行澄清，但不得改变招标文件和投标文件实质性内容。第一中标候选人拒绝澄清或者投标文件澄清后被证明无法完成招标文件规定的所有工程内容，招标人可以取消其中标资格，并依序对其他中标候选人进行复核，最终确定中标人。

建设行政管理部门应当对进场交易的建设工程招标投标活动进行严格检查，发现违反法律、法规、规章规定的，应当责令相关当事人暂停招标投标活动，经整改合格后方可继续。市招标投标办、区建设行政管理部门应当按照职责分工建立投诉处理机制，对建设工程招标投标活动进行监督。

市招标投标办、区建设行政管理部门应当按照职责分工，对项目承包范围、工程造价、合同履行的计价方式以及项目负责人的履职情况进行工地现场抽查。

市招标投标办应当对招标代理机构及其从业人员实行动态管理，并建立招标代理信用管理体系，对招标代理机构及其从业人员信用记录予以公示。

市招标投标办应当按照一定比例抽取建设工程，对其评标委员会成员的评标行为进行评标评估，评估结果记入信用档案。

本市国有资产监督管理部门和有关行政管理部门应当要求国有企业事业单位建立建设工程招标投标活动的决策约束制度；资格预审、投标筛选、定标等事项应当纳入决策约束制度。

招标人在招标文件中要求投标人提交投标保证金的，投标人可以采取银行保函、保证保险等方式提供保证。

力推工程总承包发展。工程总承包有利于工程建设成本的最优化，有利于实现工程总体质量的控制。2017年10月，《湖南省人民政府办公厅关于推进工程总承包发展的指导意见》提出，大力推进工程总承包，充分发挥传统产业优势，推动建筑业转型升级，打造建筑业强省。

《湖南省人民政府办公厅关于推进工程总承包发展的指导意见》(摘要)

工作目标。通过大力推进工程总承包，充分发挥传统产业优势，推动建筑业转型升级，打造建筑业强省，到2025年，工程总承包成为工程建设市场的主要承包方式。完善政策制度，健全监管体系，配套服务支撑，培育发展具有工程总承包能力企业1000家以上，造就一批国内外品牌工程总承包企业，培养100万人以上具有现代建造水平的各类专业人才队伍。

大力推进建设项目组织实施方式改革。各地要把建设项目组织

实施方式改革作为城乡建设领域改革的重要任务，打破分段碎片式工程承包的垄断地位，积极鼓励建设单位采用工程总承包方式实施项目建设，释放工程总承包市场需求。通过需求牵引供给，带动工程总承包市场供给，充分发挥市场机制在工程建设资源配置中的决定性作用，构建以工程总承包为主的工程建设市场。

分步推行工程总承包。2017～2020 年，装配式建筑应采用工程总承包，政府投资新建房屋、市政、交通、水利及园林等项目，国有投资新建项目应逐步采用工程总承包，鼓励社会资本投资新建项目和 PPP 项目采用工程总承包，到 2020 年新建项目工程总承包占比，长沙市、株洲市、湘潭市达到 30％以上，其他市州达到 20％以上。2021～2025 年，政府投资新建房屋、市政、交通、水利及园林等项目，国有投资新建项目全面采用工程总承包，鼓励社会资本投资新建项目和 PPP 项目采用工程总承包，到 2025 年新建项目工程总承包占比，长沙市、株洲市、湘潭市达到 70％以上，其他市州达到 50％以上。各市州、县市区要结合建设工程市场实际，编制本地工程总承包推广计划，分步骤、稳妥地推进建设方式改革。

健全工程设计审查制度。建设单位在工程总承包前应组织设计企业编制初步设计文件，并将初步设计文件报相关部门审查，取得初步设计批准文件。对小型、简单建设项目，建设单位在工程总承包前可组织设计企业编制方案设计文件，报相关部门核准。初步设计文件（或方案设计文件）内容，应达到国家标准规定的设计深度要求。政府投资项目，应根据初步设计文件（或方案设计文件）编制工程概算，报发改、财政部门审核批准后方可进行工程总承包。

规范工程总承包招标投标活动。加快建立适应工程总承包的招标投标管理制度，制订工程总承包评标办法，建立工程总承包评标专家库。建设单位应依法组织工程总承包招标投标，依法择优确定中标企业，并给予未中标企业适当补偿。工程总承包的招标内容应包括工程详勘、施工图设计、工程施工、部品构件制造、设备采购安装及装饰装修等。建设单位与中标企业可以采用工程总价合同或成本加酬金合同，约定分包事项，除以暂估价形式包括在工程总承包范围内且依法必须进行招标的项目外，工程总承包企业可以依据合同分包，但不得将所有业务一并转包或者分别分包。

建立工程技术进步的激励机制。加快推广建筑信息模型技术、装配式建筑，对采用建筑信息模型技术、装配式建筑投标的总承包企业在招投标活动中应给予加分。总承包企业应采用先进工程技术进行设计、施工、运维优化，组织编制优化方案，报建设单位审核同意后方可应用工程实践。对优化方案有效提高工程质量、缩短工期、节省投资、降低运维费用及延长设计寿命的，建设单位可根据所产生效益给予奖励。各级各相关部门及行业协会应鼓励工程总承包企业开展工程技术创新。

加快推进设计与施工融合发展。深入开展工程建设领域供给侧结构性改革。大力支持工程勘察、设计、施工、制造等企业重组融合。鼓励设计企业、施工企业、制造企业相互参股。鼓励设计企业申请建筑业企业资质，已取得工程设计综合资质、行业甲级资质的企业，可以直接申请相应类别施工总承包一级资质，企业完成的相应规模工程总承包业绩可以作为其工程业绩申报。具有一级及以上施工总承包资质的企业可直接申请同类别或相近类别的工程设计甲级资质，申请不同类别的工程设计资质的，应从乙级资质开始申请（不设乙级的除外）。鼓励企业在园区投资建立装配式建筑、部品构件制造基地，通过高科技企业认证，提高工业化、信息化、智能化水平。

大力开展工程总承包金融创新。鼓励保险企业针对工程总承包开展保险业务创新，为建设单位、工程总承包企业、分包企业、供货企业、制造企业提供全方位的工程保险服务。在购买安全生产责任保险的同时，鼓励建设单位购买工程质量责任保险。在工程总承包招标投标中应实行银行保函或担保公司保函的形式，向建设单位提供履约担保。金融机构应积极开拓工程总承包金融业务，提供各种信贷支持。

推行银行保函方式缴纳工程质量保证金。为减轻建筑业企业负担，激发市场活力，2017 年 11 月，北京市住房和城乡建设委员会、北京市财政局印发《关于推行以银行保函方式缴纳工程质量保证金的通知》（以下简称《通知》）。《通知》明确，建筑业企业有权选定工程质量保证金缴纳方式，严禁发包人强迫建筑业企业预留保证金。

《关于推行以银行保函方式缴纳工程质量保证金的通知》（摘要）

银行保函是工程质量保证金的缴纳方式之一。发、承包双方在签订施工合同时，承包人有权选定质量保证金缴纳方式。质量保证金的金额不得高于工程价款结算总额的 3%。在工程价款结算未完成前，发、承包双方可以根据施工合同价款协商确定质量保证金的金额。

承包人以银行保函方式缴纳工程质量保证金的，应当在工程竣工验收后 10 个工作日内，向发包人提交银行保函。由于发包人原因导致工程无法按规定期限进行竣工验收的，承包人应当在提交竣工验收报告 90 天内，经与发包人协商确定日期，向发包人提交银行保函。

承包人应对其所出具的银行保函的真实性负责，并按照有关法律法规的规定，配合发包人对工程缺陷进行维修。

工程项目竣工验收前，承包人已经向发包人提交履约保证金或履约保函的，发包人不得要求承包人以任何形式缴纳工程质量保证金。

工程竣工验收后，承包人以银行保函方式缴纳工程质量保证金的，发包人不得再另行预留工程质量保证金。

缺陷责任期内，承包人应认真履行合同约定的责任，到期后，采用银行保函方式的，银行保函自动失效。

发、承包双方在签订施工合同时，发包人强迫承包人必须采用预留工程质量保证金等其他方式的，承包人应当及时举报并提供相关证据。经调查属实的，市、区两级住房城乡建设主管部门应当责令发包人改正，并作为不良行为记录按照有关规定向社会公示；属于政府投资工程的，通报同级相关部门。

发包人已经预留工程质量保证金或承包人已经以现金方式缴纳质量保证金的项目，经双方协商一致，可通过签订补充协议将质量保证金的缴纳方式变更为银行保函。

推动工程建造方式创新。针对建筑业发展面临的资源约束日益趋紧、环保形势愈发严峻等挑战，以及行业发展方式粗放、生产效率不高、资源利用效率低下、科技创新能力不足等问题，2017 年 10 月，江苏省住房和城乡建设厅发布《江苏建造 2025 行动纲要》（以下简称《纲要》）。《纲要》坚持需求导向和改革创新，提出了江苏建筑业今后一段时期工程建造方式的创新和发展方向——推动工程建造方式向精细化、信息化、绿色化、工业化"四化"融合方向发展，大力推行精益建造、数字建造、绿色建造、装配式建造四种新型建造方式，逐步在房屋建筑和市政基础设施工程等重点领域推广应用，促进行业健康可持续发展，保持江苏建筑业在全国的领先地位。

《江苏建造 2025 行动纲要》（摘要）

主要目标

（一）精益建造

到 2020 年，精益建造理念得到较好推广普及，初步建立精益建造评价指标体系。50％以上的特级资质企业在项目实施中运用精益建造适宜技术，并初步形成精益建造管理和技术体系；30％的大型项目中采用 2 项以上主要的精益建造适宜技术，建成 5 个以上精益建造示范项目；每个设区市建成 2 个以上采用精益建造适宜技术的商品住宅开发项目。对采用精益建造适宜技术的住宅项目，品质明显提升，住宅质量常见问题发生率明显下降。

到 2025 年，精益建造技术在全省工程项目中得到普遍运用，建立完善的精益建造评价指标体系。特级资质企业全部实现建造方式与精益建造适宜技术的深度结合，形成成熟的精益建造管理和技术体系；一级资质企业在项目实施中普遍采用精益建造适宜技术，

形成初步成熟的精益建造管理和技术体系；50%的大型项目中采用2项以上主要的精益建造适宜技术。在商品住宅开发项目中普遍采用精益建造相关适宜技术，品质全面提升，基本满足用户对住宅"经济、适用、安全、美观"等方面要求。

（二）数字建造

到2020年，BIM技术在大中型项目应用占比30%，初步推广基于BIM的项目管理信息系统应用；60%以上的甲级资质设计企业实现BIM技术应用，部分企业实现基于BIM的协同设计；初步建立工程主要材料和工程质量追溯体系，部品部件生产企业在建立产品信息数据库的基础上，初步实现产品信息标识，逐步推广智能化生产；50%的大型项目实现自动化监控；开展"数字工地"创建；逐步推广工程建造全过程的数字交付。

到2025年，BIM技术在大中型项目应用占比70%，基于BIM的项目管理信息系统得到普遍应用，设计企业基本实现BIM技术应用，普及基于BIM的协同设计；全面建立工程主要材料和工程质量追溯体系，部品部件生产企业全面推广智能化生产；大型项目基本实现自动化监控和预警；50%以上的在建项目实现"数字工地"；基本实现工程建造全过程的数字交付。

（三）绿色建造

到2020年，绿色施工技术应用覆盖率达到70%以上；15%以上的大中型项目达到现有绿色施工示范工程要求；绿色施工对降低施工扬尘贡献率提高50%以上；绿色建材应用比例达到40%以上。全面践行绿色建造理念，初步建立涵盖绿色规划、设计、施工、运维、建材等方面的技术体系。

到2025年，绿色施工技术得到全面应用；大型项目基本达到现有绿色施工示范工程的相关要求；绿色施工对降低施工扬尘贡献率提高70%以上；绿色建材应用比例达到60%以上。绿色建造发展和应用水平全国领先。

（四）装配式建造

到 2020 年，装配式建造的技术体系、生产体系、监管体系基本完善，打造一批具有规模化和专业化水平的龙头企业，培养一批具有装配式建造专业化水平的经营管理人员和产业工人。建成国家级建筑产业现代化基地 20 个，省级示范城市 15 个，示范基地 100 个，示范项目 100 个，装配式建筑占新建建筑比例达到 30%，设区市新建成品住房比例达到 50% 以上，其他城市达到 30% 以上，通过试点示范和政策推动，率先建成全国建筑产业现代化示范省份。

到 2025 年，装配式建造成为主要建造方式，实现装配式建筑、智慧建筑、绿色建筑的深度融合。装配式建筑占新建建筑比例达到 50%，新建成品住房比例达到 50% 以上，建筑产业现代化水平继续保持在全国的领先地位。

加强拖欠工程款问题治理。2017 年，一些地方住房城乡建设主管部门进一步规范建筑市场秩序，加强建设领域拖欠工程款问题治理工作，遏制拖欠农民工工资问题，切实维护建筑施工企业和广大农民工的合法权益。湖北省住房和城乡建设厅印发《关于进一步加强建设领域拖欠工程款问题治理工作的通知》，强化对建设单位的全面约束。浙江省住房和城乡建设厅出台《全省建筑业开展"浙江无欠薪"行动实施方案》，要求全面实施施工现场作业人员实名管理，按月足额支付工资。

湖北省住房和城乡建设厅
《关于进一步加强建设领域拖欠工程款问题治理工作的通知》（摘要）

一、严格项目开工前审核

1. 加强施工合同备案管理。所有房屋建筑和市政基础设施工程的施工合同必须送工程所在地的县级以上地方人民政府建设行政主管部门备案。合同备案管理部门要对报备的施工合同内容和条款进行认真审核，凡存在合同价与中标价不一致、阴阳合同、合同价明显低于成本价等有失公平情形的施工合同不予备案，其中政府投资

项目一律不得以施工企业带资承包的方式签订合同。

2.全面推行工程款支付担保制度。总承包单位向建设单位提供工程履约担保的同时，建设单位必须向总承包单位提供等额工程款支付担保，并在施工合同备案时一并提交。

3.严格施工许可审批前的资金审核。建设单位提供的到位资金证明不得以某一时点的银行存款资金证明代替，必须提供银行付款保函或者其他第三方担保。对于政府投资项目，由建设单位提供财政资金来源落实的证明文件。各地在积极招商引资、发展经济的同时，要加强对招商引资项目到位资金的监管，防止资金链断裂导致拖欠工程款和农民工工资等情况发生，确保风险可控。

二、加强项目施工中工程款支付履约监管

1.严格规范劳动用工管理。全面推行农民工实名制管理制度，建立劳动计酬手册，记录施工现场农民工身份信息、劳动考勤、工资结算等信息，推行信息化实名制管理。施工总承包企业要加强对分包企业劳动用工和工资发放的监督管理，在工程项目部配备劳资专管员，设立劳动工资发放监督公示牌，建立施工人员进出场登记制度和考勤计量、工资支付台账，工资按月发放，不得以包代管。

2.加强对工程款支付和结算行为监管。全面推行施工过程结算，建设单位将已完工程量及工程进度款的审核纳入分部、分项工程验收环节，按合同约定的计量周期或工程进度结算并支付工程款。房地产开发企业要将商品房预售资金全部纳入监管账户，确保预售资金用于商品房项目工程建设，监管机构按建设进度核拨预售资金，确保留有足够的资金保证建设工程竣工交付。

3.建设单位不得以未完成审计作为拖欠工程款的理由。未完成工程项目竣工结算的不予办理竣工备案手续，不得投入使用，不予办理产权登记，对长期拖延工程款结算或拖欠工程款的建设单位不得批准新项目开工。

4.构建工程款支付监控机制。各级建设行政主管部门要对本辖区内的项目建设工程款支付履约进行监督，配合劳动监察部门加强工资发放情况监管，对发生拖欠工程款的建设单位、发生拖欠农民工工资的施工企业予以预警处理，情节严重的责令停工整改，并视情节依法予以处罚、通报。

5.房地产开发项目存在拖欠工程款的，其预售监管资金不予返还，优先偿付工程款；预售监管资金不足以支付工程款的，应取消其预售许可。

三、加大对违规失信行为的惩戒力度

1.完善企业守法诚信管理制度。将建设单位工程款支付，施工单位劳动用工、工资支付情况作为企业诚信评价的重要依据，实行分类分级量化管理。将查处的建设单位、施工企业拖欠工程款、拖欠农民工工资等情况在湖北省建筑市场监督与诚信一体化平台予以通报，并同时向人民银行、工商行政管理部门通报，实现失信联合惩戒。

2.严格落实湖北省建筑市场"黑名单"制度。对因建设单位未按合同约定支付工程款、施工单位未及时支付劳务工资，造成集访或极端讨薪事件，经认定负有主要责任的单位或个人，一律列入建筑市场"黑名单"并予以公布，实现失信单位或个人"一处违法、处处受制"。

3.严厉查处拖欠工程款行为。各地建设行政主管部门要加大执法力度，严厉查处拖欠工程款行为，并依法依规予以处罚，建设单位拖欠工程款造成严重影响的，根据《湖北省建筑市场管理条例》第三十三条、第六十条规定，处1万元以上5万元以下罚款，并在湖北省住房和城乡建设厅网站曝光台予以公布。配合劳动监察部门查处拖欠农民工工资行为，施工单位拖欠农民工工资经督办仍不支付的移交劳动监察部门依法查处，拒不支付劳动报酬或以未拿到工程款为由唆使农民工聚众恶意讨薪，涉嫌犯罪的，交由司法机关追究其刑事责任。

浙江省住房和城乡建设厅
《全省建筑业开展"浙江无欠薪"行动实施方案》(摘要)

全面实施施工现场作业人员实名管理。建筑业企业（包括施工

总承包企业、专业承包企业和劳务企业，下同）要在施工现场建立所有施工人员花名册、考勤册和工资册等实名管理台账，记录施工人员姓名、身份证号码、教育培训、工资结算、劳动考勤等信息，充分运用信息化手段，动态反映施工现场一线作业人员实际情况，实现施工现场人员底数清、基本情况清、出勤记录清、工资发放记录清、进出项目时间清等"五清"目标。2017年底前，实名制覆盖70％以上的在建工程项目，2018年底前覆盖率达到90％，到2019年底基本实现全覆盖。

全面实施工资款和其他工程款分账管理。 施工总承包企业应分解工程价款中的人工费，在工程项目所在地银行开设民工工资（劳务费）专用账户，并委托银行通过专用账户代发民工工资。建筑业企业要为招用的民工申报银行个人工资账户并办理实名制工资支付银行卡，按月考核并编制工资支付表，经民工本人签字确认后，委托银行代发工资。鼓励专业承包企业、劳务分包企业委托施工总承包企业直接向民工代发工资。民工工资（劳务费）专用账户应当向人力社保部门和建设主管部门备案，并委托开户银行负责日常监管，确保专款专用。2017年底前，各设区市要制定出台工资款和其他工程款分账管理制度，2018年前开工的在建工程项目覆盖率要达到80％，2018年新开工项目要实现全覆盖，到2019年底所有在建工程项目基本实现全覆盖。

全面实施按月足额支付工资。 建筑业企业要切实履行法定支付责任，按月足额支付民工工资，实现月清月结。施工总承包企业要在所有施工现场醒目位置设置工资维权信息告示牌，明示工程项目的建设单位、施工总承包企业、专业承包企业、劳务分包企业和行业监管部门等基本信息；明示劳动用工相关法律法规、当地最低工资标准、农民工工资支付表、工资支付日期、行业监管部门投诉举报电话和劳动争议调解仲裁、劳动保障监察投诉举报电话等工资维权信息。到2017年底，有80％以上的在建工程项目执行按月足额支付工资，2018年底前达到90％，到2019年底基本实现全覆盖。

　　加大建筑市场信用惩戒力度。各地建设主管部门要严格执行企业欠薪等不良行为信息公示制度，强化建筑市场准入和清出机制，建立与发改、商务等部门的信用联合惩戒机制，对存在欠薪等不良行为的企业，在市场准入、资质评审、招标投标、评优评奖等方面依法进行限制。对欠薪数额在 50 万元以上或一年内发生两次及以上欠薪行为或因处置不力造成群体性事件的建筑业企业及其项目负责人，由省建设主管部门通报批评，记入企业不良行为记录并在全省公示。

第二章 中国建筑业发展状况

一、发展特点

(一)产业规模稳中有进

2017 年,建筑业继续转变发展方式,推进供给侧结构性改革,产业规模实现稳中有进。全国具有资质等级的总承包和专业承包建筑业企业完成建筑业总产值 213953.96 亿元,比上年增长 10.5%;签订合同额 439524.36 亿元,增长 18.1%;大部分建筑业上市公司每股收益有所提升。建筑业在国民经济中的支柱产业作用依然突出,建筑业增加值占国内生产总值的 6.73%。全国具有资质等级的总承包和专业承包建筑业企业从业人员占全国就业人员总数的 7.13%。

(二)建筑业增速继续回升

国家统计局数据显示,2017 年,基础设施投资保持良好的增长态势,基础设施投资 140005 亿元,增长 19.0%,占固定资产投资(不含农户)的比重为 22.2%。得益于基础设施投资的稳定增长,2017 年,建筑业总产值增速继续稳步回升,建筑业总产值比上年增长 10.5%。全国具有资质等级的总承包和专业承包建筑业企业签订合同额比上年增长 18.1%。

(三)企业分化日益明显

随着经济发展进入新常态及建筑业改革的推进,企业分化较为明显,在资本运营、投融资能力、技术应用、项目建设与管理等方面综合实力强的建筑企业具备较强的市场优势,产业链向行业上下游延伸,盈利能力不断提升。技术含量低、资金实力弱、管理粗放的建筑企业的市场空间不断受到挤压，盈利能力较低。

（四）转型升级步伐加快

2017 年，建筑业企业继续深入推进改革和转型升级，提高发展质量，提升竞争优势。一些企业结合形势和市场需求优化业务结构，开拓新兴市场，大力推进从承包商、建造商向投资建设运营商转型。一些企业走高技术高质量发展之路，持续推进科技创新，依靠科技创新，提升发展质量，提高核心竞争力。一些企业积极响应国家"一带一路"倡议，进一步加大海外市场开拓力度，国际业务稳步增长。

（五）市场环境进一步优化

2017 年，建筑市场环境进一步优化。《国务院办公厅关于促进建筑业持续健康发展的意见》全面系统地提出了促进建筑业持续健康发展的总体要求和改革方向与措施。住房城乡建设部继续推进简政放权、放管结合，优化服务改革，减轻企业负担。简化企业资质标准条件，简化资质资格申报材料，进一步推进勘察设计资质资格电子化管理，开展建筑业企业资质告知承诺审批试点，取消工程建设项目招标代理机构资格认定，降低建设工程质量保证金预留比例，推进建筑市场监管一体化工作平台建设，全面推行建筑市场信用管理，加强事中事后监管，助推建筑业更好更快发展。

二、建筑施工

（一）规模分析

产业总体规模再创新高。2017 年，全国具有资质等级的总承包和专业承包建筑业企业完成建筑业总产值 213953.96 亿元，比上年增长 10.5%（表 2-1、图 2-1）。签订合同额 439524.36 亿元，增长 18.1%。完成房屋建筑施工面积 1317195.36 万 m²，增长 4.2%；完成房屋建筑竣工面积 419074.06 万 m²，下降 0.8%。按建筑业总产值计算的劳动生产率为 347462 元/人，增长 3.1%；共有建筑业企业 88059 个。

2013～2017 年建筑业企业主要经济指标比较　　　表 2-1

类别/年份	2013	2014	2015	2016	2017
企业数量(个)	78919	81141	80911	83017	88059
建筑业总产值(亿元)	160366.06	176713.42	180757.47	193566.78	213953.96
建筑业增加值(亿元)	40897	44880	46627	49703	55689
利润总额(亿元)	5575.00	6407.13	6451.23	6986.05	7661
劳动生产率(按总产值计算)(元/人)	324842	317633	324026	336991	347462
产值利润率(%)	3.5	3.6	3.6	3.6	3.6

注：建筑业增加值各年度数据、利润总额 2017 年数据引自国家统计局《2017 年国民经济和社会发展统计公报》；其他经济指标 2013～2016 年数据引自《中国统计年鉴》，2017 年数据引自国家统计局《2017 年建筑业企业生产情况统计快报》。

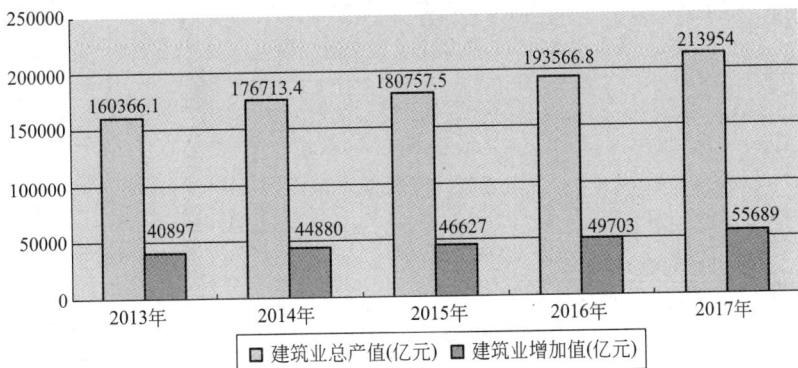

图 2-1　2013～2017 年建筑业总产值、建筑业增加值

支柱产业作用依然突出。2017 年，全社会建筑业实现增加值 55689 亿元，占全年国内生产总值的 6.73%，支柱产业作用依然突出。建筑业还是拉动就业的重要力量，全国具有资质等级的总承包和专业承包建筑业企业从业人员 5536.90 万人，占全国就业人员总数的 7.13%。

(二) 效益分析

2017 年，全社会建筑业实现增加值 55689 亿元，比上年增长 4.3%。企业经营效益稳步提高，全国具有资质等级的总承包和专业承包建筑业企业实现利润 7661 亿元，增长 9.7%；其中，国有控股企业

2313 亿元，增长 15.1%。建筑业的产值利润率为 3.58%。按建筑业总产值计算的劳动生产率为 347462 元/人，比上年增长 3.1%。

（三）结构分析

1. 产品结构

房地产开发投资平稳增长。2017 年，房地产开发投资 109799 亿元，比上年增长 7.0%。其中住宅投资 75148 亿元，增长 9.4%；办公楼投资 6761 亿元，增长 3.5%；商业营业用房投资 15640 亿元，下降 1.2%。

2017 年，房屋建筑竣工面积 419074.06 万 m² （表 2-2）。其中，住宅房屋竣工面积所占比重最高，达 66.9%；其次为厂房及建筑物、商业及服务用房屋，所占比重分别为 11.9%、7.1%。

2017 年房屋建筑竣工面积构成　　　　　　　　表 2-2

房屋类型	竣工面积（万 m²）	所占比例（%）
住宅房屋	280373.22	66.9
商业及服务用房屋	29600.63	7.1
办公用房屋	23323.93	5.6
科研、教育和医疗用房屋	18756.92	4.5
文化、体育和娱乐用房屋	4407.03	1.1
厂房及建筑物	49711.24	11.9
仓库	3104.72	0.7
其他未列明的房屋建筑物	9796.39	2.3

注：各类房屋建筑竣工面积数据引自国家统计局《2017 年建筑业企业生产情况统计快报》。

交通固定资产投资稳步增长。2017 年，全国完成铁路公路水路固定资产投资 31151.16 亿元，比上年增长 11.6%。

全年完成铁路固定资产投资 8010 亿元，投产新线 3038km，其中高速铁路 2182km。

全年完成公路建设投资 21253.33 亿元，比上年增长 18.2%。其中，高速公路建设完成投资 9257.86 亿元，增长 12.4%；普通国省道建设完成投资 7264.14 亿元，增长 19.5%；农村公路建设完成投资

4731.33 亿元，增长 29.3%，新改建农村公路 28.97 万 km。

全年完成水运建设投资 1238.88 亿元，比上年下降 12.6%。其中，内河建设完成投资 569.39 亿元，增长 3.1%，内河港口新建及改（扩）建码头泊位 180 个，新增通过能力 6597 万 t，其中万吨级及以上泊位新增通过能力 820 万 t，全年改善内河航道里程 590.38km；沿海建设完成投资 669.49 亿元，下降 22.6%，沿海港口新建及改（扩）建码头泊位 107 个，新增通过能力 19581 万 t，其中万吨级及以上泊位新增通过能力 18153 万 t。

全年完成公路水路支持系统及其他建设投资 648.96 亿元，比上年增长 31.2%。

2. 所有制结构

国有企业骨干作用继续发挥。2017 年，在具有资质等级的总承包和专业承包建筑业企业中，国有控股建筑业企业 6800 个，占全部企业数量的 7.7%；国有控股企业从业人员为 1030.51 万人，占全部企业的 18.6%。

2017 年，国有控股建筑业企业完成建筑业总产值 67756.39 亿元，增长 13.8%，占全部企业的 31.7%；签订合同额 206136.57 亿元，增长 24.7%，占全部企业的 46.9%；竣工产值 26672.52 亿元，增长 2.8%，占全部企业的 22.8%；实现利润 2313 亿元，增长 15.1%。全国具有资质等级的总承包和专业承包建筑业企业按建筑业总产值计算的劳动生产率为 347462 元/人，国有控股建筑业企业为 508796 元/人。

国有控股建筑业企业数量占全部有资质企业的 7.7%，完成了31.7% 的总产值、46.9% 的合同额、22.8% 的竣工产值，充分显示了国有控股企业在建筑业中的骨干作用（表 2-3）。

2017 年国有控股建筑业企业主要生产指标占全部企业的比重 表 2-3

类别	全国建筑业企业	国有控股建筑业企业	国有控股建筑业企业占全部企业的比重
企业数量（个）	88059	6800	7.7%
从业人数（万人）	5536.90	1030.51	18.6%
建筑业总产值（亿元）	213953.96	67756.39	31.7%

类别	全国建筑业企业	国有控股 建筑业企业	国有控股建筑业企业 占全部企业的比重
签订合同额(亿元)	439524.36	206136.57	46.9%
竣工产值(亿元)	116791.89	26672.52	22.8%

注：数据引自国家统计局《2017 年建筑业企业生产情况统计快报》。

2017 年，国有控股建筑业企业完成建筑业总产值居前的省市依次是：北京、湖北、广东、上海、陕西、湖南。签订合同额居前的省市依次是：北京、湖北、广东、上海、陕西、四川（表 2-4）。

2017 年国有控股企业建筑业总产值、合同额地区份额　　表 2-4

建筑业总产值		合同额	
地区	数额(亿元)	地区	数额(亿元)
北京	7492.94	北京	27436.30
湖北	6350.70	湖北	19930.22
广东	4373.52	广东	16749.73
上海	3963.22	上海	15838.62
陕西	3801.27	陕西	10373.78
湖南	3434.41	四川	10362.89

注：数据引自国家统计局《2017 年建筑业企业生产情况统计快报》。

3. 地区结构

2017 年，建筑业总产值排在前 6 位的地区依次是：江苏、浙江、湖北、山东、四川、广东，上述 6 省完成的建筑业总产值占全国建筑业总产值的 48.1%。其中，江苏和浙江分别占 13.1% 和 12.7%（表 2-5）。

2017 年建筑业总产值地区份额　　表 2-5

地区	建筑业总产值(亿元)
江苏	27955.95
浙江	27235.82
湖北	13391.23

续表

地区	建筑业总产值(亿元)
山东	11477.75
四川	11400.34
广东	11372.52

注：数据引自国家统计局《2017年建筑业企业生产情况统计快报》。

2017年，建筑业总产值增速最快的是西藏、贵州、云南，增速分别为32.9％、24.1％、22.2％。

2017年，在外省完成建筑业产值位居前列的依次是：浙江、江苏、北京、湖北，产值分别为14011.30亿元、13093.96亿元、6781.91亿元、5064.87亿元。在外省完成产值占建筑业总产值的比重位居前列的依次是：北京、天津、上海、浙江，分别为69.7％、54.0％、53.3％、51.4％。

4. 上市公司

2017年，绝大部分建筑业上市公司的营业收入有所增长。营业收入前三名依次是中国建筑股份有限公司、中国中铁股份有限公司、中国铁建股份有限公司，营业收入分别为10541.07亿元、6899.45亿元、6809.81亿元。大部分建筑业上市公司的每股收益有所提升，每股收益前三名是中工国际工程股份有限公司、中国交通建设股份有限公司、中国铁建股份有限公司，每股收益分别为1.33元、1.21元、1.16元（表2-6）。

建筑业上市公司2017年年报部分数据　　　　　　表2-6

股票代码	公司名称	每股收益(元)		净利润(万元)		净资产收益率(％)		营业利润率(％)
		2016	2017	2016	2017	2016	2017	
000065	北方国际合作股份有限公司	0.95	0.97	46104.90	49925.34	16.79	14.60	6.89
000498	山东高速路桥集团股份有限公司	0.38	0.51	42970.66	57605.68	13.21	15.40	6.22
000758	中国有色金属建设股份有限公司	0.15	0.10	29601.33	20098.09	6.02	3.94	3.37

续表

股票代码	公司名称	每股收益（元）		净利润（万元）		净资产收益率(%)		营业利润率(%)
		2016	2017	2016	2017	2016	2017	
000797	中国武夷实业股份有限公司	0.22	0.25	21966.42	24975.79	10.96	10.55	9.44
002051	中工国际工程股份有限公司	1.15	1.33	127960.73	148407.04	19.55	19.24	13.94
002060	广东水电二局股份有限公司	0.11	0.13	13465.12	15810.26	5.05	5.65	3.12
002062	宏润建设集团股份有限公司	0.21	0.25	23299.46	27195.23	9.53	10.33	4.63
002135	浙江东南网架股份有限公司	0.06	0.12	4912.46	10358.33	2.04	3.68	1.43
002140	东华工程科技股份有限公司	0.18	−0.14	8180.02	−6313.58	4.07	−3.16	−2.75
002524	光正集团股份有限公司	0.01	0.01	484.19	541.64	0.62	0.73	3.09
002542	中化岩土集团股份有限公司	0.14	0.13	24854.80	23655.80	9.17	7.05	10.23
002586	浙江省围海建设集团股份有限公司	0.13	0.22	9306.21	21332.40	5.76	5.97	10.67
002628	成都市路桥工程股份有限公司	0.06	0.03	4392.05	2242.61	1.67	0.84	2.38
600039	四川路桥建设集团股份有限公司	0.35	0.33	104455.26	106413.41	11.24	9.68	4.10
600068	中国葛洲坝集团股份有限公司	0.69	0.89	339531.26	468360.21	14.78	17.28	6.82
600170	上海建工集团股份有限公司	0.24	0.28	209543.88	258446.52	9.85	10.72	2.14
600248	陕西延长石油化建股份有限公司	0.20	0.22	12281.65	13414.50	6.56	6.75	4.00

续表

股票代码	公司名称	每股收益（元）		净利润（万元）		净资产收益率（%）		营业利润率（%）
		2016	2017	2016	2017	2016	2017	
600284	上海浦东路桥建设股份有限公司	0.52	0.54	35911.23	37135.67	6.99	6.90	14.41
600477	杭萧钢构股份有限公司	0.33	0.56	44875.84	76801.64	24.08	30.53	19.92
600491	龙元建设集团股份有限公司	0.28	0.48	34842.37	60651.57	6.99	10.89	4.72
600496	长江精工钢结构（集团）股份有限公司	0.07	0.04	10957.31	6202.21	3.00	1.60	1.25
600502	安徽水利开发股份有限公司	0.51	0.60	62384.48	78133.97	14.44	12.45	3.21
600512	腾达建设集团股份有限公司	0.07	0.09	8447.41	14357.95	3.13	3.06	6.11
600820	上海隧道工程股份有限公司	0.53	0.58	165298.73	181002.88	9.59	9.78	7.38
600853	龙建路桥股份有限公司	0.05	0.26	2930.72	13928.71	3.50	15.65	0.02
600939	重庆建工集团股份有限公司	0.20	0.20	33217.15	36320.34	6.75	6.79	1.20
600970	中国中材国际工程股份有限公司	0.29	0.56	51138.34	97692.45	7.73	13.47	5.20
601117	中国化学工程股份有限公司	0.36	0.32	177038.43	155724.19	6.59	5.56	3.88
601186	中国铁建股份有限公司	1.03	1.16	1399961.0	1605723.5	11.55	12.16	3.07
601390	中国中铁股份有限公司	0.52	0.67	1250916.5	1606683.3	9.57	11.25	2.79
601618	中国冶金科工股份有限公司	0.25	0.26	537585.8	606148.8	9.30	8.44	3.60

股票代码	公司名称	每股收益（元）		净利润（万元）		净资产收益率(%)		营业利润率(%)
		2016	2017	2016	2017	2016	2017	
601668	中国建筑股份有限公司	0.96	1.07	2987010.4	3294179.9	15.87	15.82	5.66
601669	中国电力建设股份有限公司	0.47	0.48	677181.25	736662.09	12.30	10.66	4.05
601789	宁波建工股份有限公司	0.20	0.22	19538.65	21392.93	8.15	8.51	2.19
601800	中国交通建设股份有限公司	0.97	1.21	1674307.42	2058077.80	11.73	12.95	5.52

三、勘察设计

（一）规模分析

2017 年，全国工程勘察设计企业营业收入总计 43391.3 亿元。其中，工程勘察收入 837.3 亿元，占营业收入的 1.9%；工程设计收入 4013 亿元，占营业收入的 9.2%；工程总承包收入 20807 亿元，占营业收入的 48%；其他工程咨询业务收入 552.2 亿元，占营业收入的 1.3%。

2017 年，工程勘察设计企业全年利润总额 2189 亿元，与上年相比增加 11.6%；企业净利润 1799.1 亿元，与上年相比增加 11.3%。

2017 年，工程勘察新签合同额合计 1150.7 亿元，与上年相比增加 33.3%。工程设计新签合同额合计 5512.6 亿元，与上年相比增加 18.8%。其中，房屋建筑工程设计新签合同额 1355.5 亿元，市政工程设计新签合同额 743 亿元。工程总承包新签合同额合计 34258.3 亿元，与上年相比增加 38.8%。其中，房屋建筑工程总承包新签合同额 8418.3 亿元，市政工程总承包新签合同额 4020.7 亿元。其他工程咨询业务新签合同额合计 699.1 亿元，与上年相比增加 6.9%。

（二）结构分析

1. 业务结构

2017 年，在工程勘察设计企业营业收入中，工程勘察收入占营业收入的 1.9%；工程设计收入占营业收入的 9.2%；工程总承包收入占营业收入的 48%；其他工程咨询业务收入占营业收入的 1.3%。

2. 企业结构

2017 年，全国共有 24754 个工程勘察设计企业参加了统计，与上年相比增长 12.6%。其中，工程勘察企业 2062 个，占企业总数 8.3%；工程设计企业 21513 个，占企业总数 86.9%；工程设计与施工一体化企业 1179 个，占企业总数 4.8%。

3. 人员结构

2017 年，工程勘察设计行业年末从业人员 428.6 万人，年末专业技术人员 181 万人。其中，具有高级职称人员 38.4 万人，占从业人员总数的 9%；具有中级职称人员 65.1 万人，占从业人员总数的 15.2%。

四、工程服务

（一）工程监理

1. 规模分析

2017 年，工程监理企业全年营业收入 3281.72 亿元，与上年相比增长 21.74%。其中工程监理收入 1185.35 亿元，与上年相比增长 7.3%；工程勘察设计、工程项目管理与咨询服务、工程招标代理、工程造价咨询及其他业务收入 2096.37 亿元，与上年相比增长 31.78%。其中，20 个企业工程监理收入突破 3 亿元，50 个企业工程监理收入超过 2 亿元，174 个企业工程监理收入超过 1 亿元，工程监理收入过亿元的企业个数与上年相比增长 12.26%。

2017 年，工程监理企业承揽合同额 3962.96 亿元，与上年相比增长 28.47%。其中，工程监理合同额 1676.32 亿元，与上年相比增长 19.72%；工程勘察设计、工程项目管理与咨询服务、工程招标代理、工程造价咨询及其他业务合同额 2286.64 亿元，与上年相比增长 35.74%（图 2-2）。

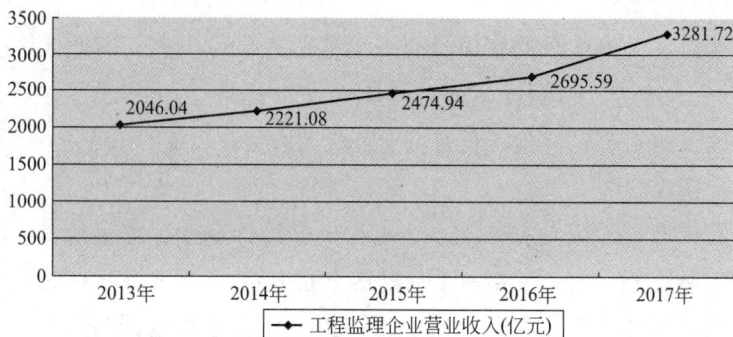

图 2-2 2013—2017 年工程监理企业营业收入发展

2. 结构分析

（1）业务结构

2017 年，工程监理收入占总营业收入的 36.12%，工程监理合同额占总业务量的 42.3%。

（2）企业结构

2017 年，全国共有 7945 个建设工程监理企业参加了统计，与上年相比增长 6.2%。其中，综合资质企业 166 个，增长 11.41%；甲级资质企业 3535 个，增长 4.62%；乙级资质企业 3133 个，增长 9.2%；丙级资质企业 1107 个，增长 2.41%；事务所资质企业 4 个，减少 20%。

（3）人员结构

2017 年年末，工程监理企业从业人员 1071780 人，与上年相比增长 7.13%。其中，正式聘用人员 761609 人，占年末从业人员总数的 71.06%；临时聘用人员 310171 人，占年末从业人员总数的 28.94%；工程监理从业人员为 763943 人，占年末从业总数的 71.28%。

2017 年年末，工程监理企业专业技术人员 914580 人，与上年相比增长 7.67%。其中，高级职称人员 138388 人，中级职称人员 397839 人，初级职称人员 223258 人，其他人员 155095 人。专业技术人员占年末从业人员总数的 85.33%。

2017 年年末，工程监理企业注册执业人员为 286146 人，与上年相

比增长 12.8%。其中，注册监理工程师为 163944 人，与上年相比增长 8.36%，占总注册人数的 57.29%；其他注册执业人员为 122202 人，占总注册人数的 42.71%。

（二）工程招标代理

1. 规模分析

2017 年，工程招标代理机构的营业收入总额为 2277.09 亿元，比上年减少 10.5%。其中，工程招标代理收入 280.82 亿元，占营业收入总额的 12.33%；工程监理收入 458.26 亿元，工程造价咨询收入 362.16 亿元，工程项目管理与咨询服务收入 149.73 亿元，其他收入 1026.12 亿元。

2017 年，工程招标代理机构工程招标代理中标金额 137111.62 亿元，比上年增长 40.06%。其中，房屋建筑和市政基础设施工程招标代理中标金额 101234.06 亿元，占工程招标代理中标金额的 73.83%；招标人为政府和国有企事业单位工程招标代理中标金额 107602.93 亿元，占工程招标代理中标金额的 78.48%。

2017 年，工程招标代理机构承揽合同约定酬金合计 1605.51 亿元，比上年下降 6%。其中，工程招标代理承揽合同约定酬金为 252.68 亿元，占总承揽合同约定酬金的 15.74%；工程监理承揽合同约定酬金为 496.87 亿元；工程造价咨询承揽合同约定酬金为 307.09 亿元；项目管理与咨询服务承揽合同约定酬金为 152.97 亿元；其他业务承揽合同约定酬金为 395.91 亿元。

2. 结构分析

（1）业务结构

2017 年，在工程招标代理机构的营业收入中，工程招标代理收入占 12.33%，工程监理收入占 20.12%，工程造价咨询收入占 15.90%，工程项目管理与咨询服务收入占 6.58%，其他收入占 45.06%（图 2-3）。

（2）企业结构

2017 年度参加统计的全国工程招标代理机构共 6209 个，比上年下

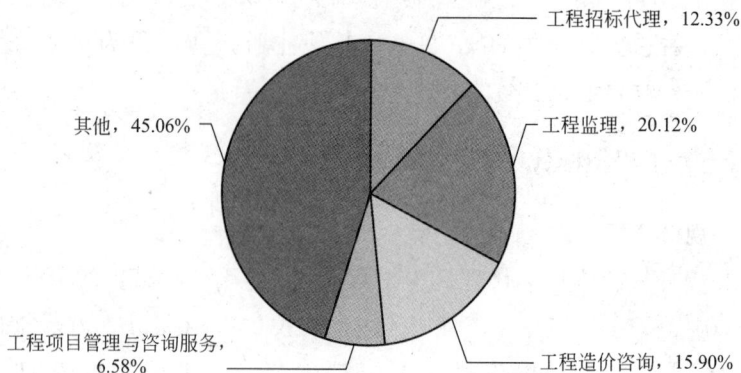

图 2-3　2017 年工程招标代理机构营业收入构成

降 4.4%。按照资格等级划分，甲级机构 1938 个，比上年下降 0.97%；乙级机构 2557 个，比上年下降 8.22%，暂定级机构 1714 个，比上年下降 2.17%。按照企业登记注册类型划分，国有企业和国有独资公司共 236 个，股份有限公司和其他有限责任公司共 3174 个，私营企业 2689 个，港澳台投资企业 3 个，外商投资企业 4 个，其他企业 103 个。

（3）人员结构

2017 年年末，工程招标代理机构从业人员合计 604173 人，比上年增长 3.86%。其中，正式聘用人员 537889 人，占年末从业人员总数的 89%；临时工作人员 66284 人，占年末从业人员总数的 11%。

2017 年年末，工程招标代理机构正式聘用人员中专业技术人员合计 457125 人，比上年下降 1.55%。其中，高级职称人员 74779 人，中级职称 198455 人，初级职称 107080 人，其他人员 76811 人。专业技术人员占年末正式聘用人员总数的 85%。

2017 年年末，工程招标代理机构正式聘用人员中注册执业人员合计 134303 人，比上年增长 2.77%。其中，注册造价工程师 59606 人，占总注册人数的 44.38%；注册建筑师 1010 人，占总注册人数的 0.75%；注册工程师 3273 人，占总注册人数的 2.44%；注册建造师 28580 人，占总注册人数的 21.28%；注册监理工程师 40807 人，占总注册人数的 30.38%；其他注册执业人员 1027 人，占总注册人数

的 0.76%。

(三) 工程造价咨询服务

1. 规模分析

2017 年，工程造价咨询企业的营业收入为 1469.14 亿元，比上年增长 22.05%。其中，工程造价咨询业务收入 661.17 亿元，比上年增长 10.99%，占全部营业收入的 45%；招标代理业务收入 153.83 亿元；建设工程监理业务 285.64 亿元；项目管理业务收入 276.27 亿元；工程咨询业务收入 92.22 亿元。

2. 结构分析

（1）业务结构

在工程造价咨询业务收入中，按所涉及专业划分，其中，房屋建筑工程专业收入 379.79 亿元，占全部工程造价咨询业务收入比例为 57.44%；市政工程专业收入 111.25 亿元，占 16.83%；公路工程专业收入 32.21 亿元，占 4.87%；火电工程专业收入 14.76 亿元，占 2.23%；水利工程专业收入 15 亿元，占 2.27%；其他各专业收入合计 108.16 亿元，占 16.36%。与上年相比，各专业收入均略有增长（图 2-4）。

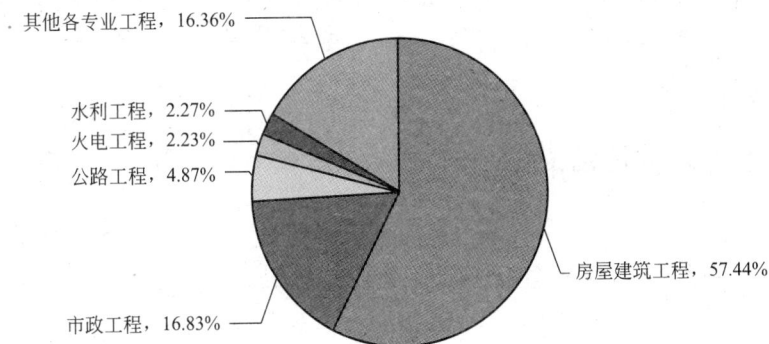

图 2-4 2017 年工程造价咨询企业业务收入分布（按专业划分）

按工程建设的阶段划分，其中前期决策阶段咨询业务收入为 63.09 亿元、实施阶段咨询业务收入 141.9 亿元、竣工结（决）算阶段咨询业务收入 264.74 亿元、全过程工程造价咨询业务收入 164.09 亿元、工程造价经济纠纷的鉴定和仲裁的咨询业务收入 12.37 亿元，各类业务收入占工程造价咨询业务收入比例分别为 9.54%、21.46%、40.04%、24.82%和 1.87%。此外，其他工程造价咨询业务收入 14.98 亿元，占 2.27%。与上年相比，各阶段业务收入同样均略有增长。

（2）企业结构

2017 年，全国共有 7800 家工程造价咨询企业参加了统计，比上年增长 3.9%。其中，甲级工程造价咨询企业 3737 家，增长 10.53%；乙级工程造价咨询企业 4063 家，减少 1.48%。专营工程造价咨询企业 1961 家，减少 2.04%；兼营工程造价咨询企业 5839 家，增长 6.11%。

（3）人员结构

2017 年年末，工程造价咨询企业从业人员 507521 人，比上年增长 9.8%。其中，正式聘用员工 466389 人，占 91.9%；临时聘用人员 41132 人，占 8.1%。

2017 年年末，工程造价咨询企业共有注册造价工程师 87963 人，比上年增长 8.48%，占全部造价咨询企业从业人员 17.33%。

2017 年年末，工程造价咨询企业共有专业技术人员 339692 人，比上年增长 7.92%，占全部造价咨询企业从业人员 66.93%。其中，高级职称人员 77506 人，中级职称人员 173401 人，初级职称人员 88785 人，各级别职称人员占专业技术人员比例分别为 22.81%、51.05%、26.14%。

五、对外承包工程

2017 年，我国对外承包工程业务规模继续稳步增长。商务部数据显示，对外承包工程业务完成营业额 1685.9 亿美元，同比增长 5.8%；新签合同额 2652.8 亿美元，同比增长 8.7%。对外承包工程加快转型升级，带动技术、装备、标准走出去。新签大项目多，带动出口作用明显。2017 年，"一带一路"建设稳步推进，基础设施互联互通进展迅速，重大项目取得积极进展。我国企业在"一带一路"沿线的 61 个国家新签对外承包工程项目合同 7217 份，新签合同额 1443.2 亿美元，占

同期我国对外承包工程新签合同额的 54.4％，同比增长 14.5％；完成营业额 855.3 亿美元，占同期总额的 50.7％，同比增长 12.6％。

六、安全形势

2017 年，全国共发生房屋市政工程生产安全事故 692 起、死亡 807 人，比 2016 年事故起数增加 58 起、死亡人数增加 72 人，分别上升 9.15％和 9.80％。全国有 31 个省（区、市）发生房屋市政工程生产安全事故，17 个省（区、市）死亡人数同比上升。

2017 年，全国共发生房屋市政工程生产安全较大事故 23 起、死亡 90 人，比 2016 年事故起数减少 4 起、死亡人数减少 4 人，分别下降 14.81％和 4.26％，未发生重大及以上事故。全国有 14 个省（区、市）发生房屋市政工程生产安全较大事故。其中，山东、广东各发生 4 起，河南、重庆、云南各发生 2 起，河北、山西、内蒙古、安徽、福建、广西、陕西、甘肃、新疆各发生 1 起。

2017 年，房屋市政工程生产安全事故按照类型划分，高处坠落事故 331 起，占总数的 47.83％；物体打击事故 82 起，占总数的 11.85％；坍塌事故 81 起，占总数的 11.71％；起重伤害事故 72 起，占总数的 10.40％；机械伤害事故 33 起，占总数的 4.77％；触电、车辆伤害、中毒和窒息、火灾和爆炸及其他类型事故 93 起，占总数的 13.44％。

2017 年发生的 23 起房屋市政工程生产安全较大事故中，土方坍塌事故 5 起、死亡 18 人，分别占较大事故总数的 21.74％和 20.00％；起重伤害事故 4 起、死亡 16 人，分别占较大事故总数的 17.39％和 17.78％；模板支撑体系坍塌事故 2 起、死亡 6 人，分别占较大事故总数的 8.70％和 6.67％；吊篮倾覆事故 2 起、死亡 6 人，分别占较大事故总数的 8.70％和 6.67％；中毒和窒息事故 2 起、死亡 7 人，分别占较大事故总数的 8.70％和 7.78％；火灾和爆炸事故 2 起、死亡 7 人，分别占较大事故总数的 8.70％和 7.78％；脚手架坍塌事故 1 起、死亡 3 人，分别占较大事故总数的 4.35％和 3.33％；车辆伤害事故 1 起、死亡 3 人，分别占较大事故总数的 4.35％和 3.33％；机械伤害事故 1 起、死亡 4 人，分别占较大事故总数的 4.35% 和 4.44%；其他坍塌事故 3 起、死亡 20 人，分别占较大事故总数的 13.04% 和 22.22%。

2017 年，全国房屋市政工程生产安全事故起数和死亡人数与 2016 年相比均有所上升，部分地区事故总量较大，部分地区死亡人数同比上升较多，造成群死群伤的事故仍然较多，建筑施工安全生产形势依然严峻，安全监管仍需进一步加强和完善。

第三章　行业改革加快推进
市场环境不断优化

一、政府高度重视强力推进改革

建筑业是国民经济的支柱产业，党中央、国务院高度重视建筑业改革发展，2017 年 2 月，《国务院办公厅关于促进建筑业持续健康发展的意见》（以下简称《意见》）发布。《意见》全面系统地提出了促进建筑业持续健康发展的总体要求和改革方向与措施，是建筑业改革发展的纲领性文件，对促进建筑业持续健康发展具有重要意义。《意见》提出，坚持以推进供给侧结构性改革为主线，按照适用、经济、安全、绿色、美观的要求，深化建筑业"放管服"改革，完善监管体制机制，优化市场环境，提升工程质量安全水平，强化队伍建设，增强企业核心竞争力，促进建筑业持续健康发展，打造"中国建造"品牌。《意见》对进一步深化建筑业"放管服"改革，加快产业升级，促进建筑业发展提出了具体要求。《意见》要求，深化建筑业简政放权改革，优化资质资格管理，完善招标投标制度；完善工程建设组织模式，加快推行工程总承包，培育全过程工程咨询；加强工程质量安全管理，严格落实工程质量责任，加强安全生产管理，全面提高监管水平；优化建筑市场环境，建立统一开放市场，加强承包履约管理，规范工程价款结算；提高从业人员素质，加快培养建筑人才，改革建筑用工制度，保护工人合法权益；推进建筑产业现代化，推广智能和装配式建筑，提升建筑设计水平，加强技术研发应用，完善工程建设标准；加快建筑业企业"走出去"，加强中外标准衔接，提高对外承包能力，加大政策扶持力度。

2017 年 4 月，住房城乡建设部印发《建筑业发展"十三五"规划》（以下简称《规划》），旨在贯彻落实《国务院办公厅关于促进建筑业持续健康发展的意见》、阐明"十三五"时期建筑业发展战略意图、明确

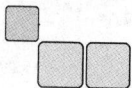

发展目标和主要任务,推进建筑业持续健康发展。《规划》明确了"十三五"时期的主要任务:深化建筑业体制机制改革、推动建筑产业现代化、推进建筑节能与绿色建筑发展、发展建筑产业工人队伍、深化建筑业"放管服"改革、提高工程质量安全水平、促进建筑业企业转型升级、积极开拓国际市场、发挥行业组织服务和自律作用。

2017年6月,住房城乡建设部、国务院审改办、国家发展和改革委员会、工业和信息化部、财政部等19个部门联合印发《贯彻落实〈国务院办公厅关于促进建筑业持续健康发展的意见〉重点任务分工方案》,就深化建筑业简政放权改革、完善工程建设组织模式、加强工程质量安全管理、优化建筑市场环境、提高从业人员素质、推进建筑产业现代化、加快建筑业企业"走出去"等方面明确工作职责,统筹推进建筑业改革发展工作。

二、推动行业发展步入质量时代

工程质量对于保障和改善民生、提升建筑业发展质量和效益意义重大。工程质量作为质量强国的重要内容得到党中央、国务院的高度重视。2017年9月,《中共中央　国务院关于开展质量提升行动的指导意见》颁布,这是我国质量管理工作的纲领性文件,对推动我国质量发展具有里程碑式的重大意义。《指导意见》明确提出,以提高发展质量和效益为中心,将质量强国战略放在更加突出的位置,全面提升质量水平。《指导意见》对提升建设工程质量水平提出了明确要求:确保重大工程建设质量和运行管理质量,建设百年工程。高质量建设和改造城乡道路交通设施、供热供水设施、排水与污水处理设施。加快海绵城市建设和地下综合管廊建设。规范重大项目基本建设程序,坚持科学论证、科学决策,加强重大工程的投资咨询、建设监理、设备监理,保障工程项目投资效益和重大设备质量。全面落实工程参建各方主体质量责任,强化建设单位首要责任和勘察、设计、施工单位主体责任。加快推进工程质量管理标准化,提高工程项目管理水平。加强工程质量检测管理,严厉打击出具虚假报告等行为。健全工程质量监督管理机制,强化工程建设全过程质量监管。因地制宜提高建筑节能标准。完善绿色建材标

准，促进绿色建材生产和应用。大力发展装配式建筑，提高建筑装修部品部件的质量和安全性能。推进绿色生态小区建设。

2017年3月，《住房城乡建设部关于印发工程质量安全提升行动方案的通知》下发。《行动方案》提出，通过开展工程质量安全提升行动，用3年左右时间，进一步完善工程质量安全管理制度，落实工程质量安全主体责任，强化工程质量安全监管，提高工程项目质量安全管理水平，提高工程技术创新能力，使全国工程质量安全总体水平得到明显提升。《行动方案》明确了重点任务：一是落实主体责任。进一步完善工程质量安全管理制度和责任体系，全面落实各方主体的质量安全责任，特别是要强化建设单位的首要责任和勘察、设计、施工单位的主体责任。严格落实工程质量终身责任，进一步完善工程质量终身责任制，加大质量责任追究力度。二是提升项目管理水平。提升建筑设计水平，贯彻落实"适用、经济、绿色、美观"的新时期建筑方针，倡导开展建筑评论，促进建筑设计理念的融合和升华。探索建立大型公共建筑工程后评估制度。推进工程质量管理标准化，完善工程质量管控体系，建立质量管理标准化制度和评价体系，推进质量行为管理标准化和工程实体质量控制标准化。构建风险分级管控和隐患排查治理双重预防工作机制，落实企业质量安全风险自辩自控、隐患自查自治责任。三是提升技术创新能力。推进信息化技术应用，以技术进步支撑装配式建筑、绿色建造等新型建造方式发展。推进减隔震技术应用，加强工程建设和使用维护管理，建立减隔震装置质量检测制度，提高减隔震工程质量。四是健全监督管理机制。加强政府监管，完善施工图设计文件审查制度，规范设计变更行为。开展监理单位向政府主管部门报告质量监理情况的试点，充分发挥监理单位在质量控制中的作用。加强工程质量检测管理，严厉打击出具虚假报告等行为。推进质量安全诚信体系建设，建立健全信用评价和惩戒机制，强化信用约束。推行"双随机、一公开"检查方式，加大抽查抽测力度，加强工程质量安全监督执法检查。鼓励采取政府购买服务的方式，委托具备条件的社会力量进行监督检查。完善监督层级考核机制，落实监管责任。

增强科技创新能力是推动工程建设领域向高质量发展的重要支撑。

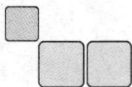

多年来,《建筑业 10 项新技术》在提高工程质量、降低能耗、加快新技术普及应用等方面发挥了显著作用。2017 年 10 月,住房城乡建设部印发《建筑业 10 项新技术(2017 版)》,为加快促进建筑产业升级,增强产业建造创新能力提供了重要技术指引。

三、提高审批效率提升服务效能

2017 年,住房城乡建设部创新监管机制,进一步推进建筑业简政放权、放管结合,优化服务改革,提高审批效率,加强事中事后监管,助推建筑业更好更快发展。

住房城乡建设部修订《工程监理企业资质管理规定》《工程设计资质标准》和《施工总承包特级资质标准》,简化企业资质标准条件,减少企业资质申报材料,释放市场活力。修订《注册建造师管理规定》,简化申报程序,强化执业责任。印发《住房城乡建设部办公厅关于简化监理工程师执业资格注册申报材料有关事项的通知》《住房城乡建设部办公厅关于进一步推进勘察设计资质资格电子化管理工作的通知》,住房城乡建设部负责审批的建设工程企业资质以及勘察设计注册工程师、监理工程师均已基本实行电子化申报审批,简化了申报材料,提高了审批效率。

为进一步深化建筑业"放管服"改革,探索建立"诚信规范、审批高效、监管完善"的告知承诺资质审批新模式,推动资质管理向"宽准入、严监管、强服务"转变,提高建设工程企业资质行政审批效率,2017 年 11 月,《住房城乡建设部办公厅关于开展建筑业企业资质告知承诺审批试点的通知》(以下简称《通知》)下发,决定在北京、上海、浙江 3 省(市)开展建筑业企业资质告知承诺审批试点。告知承诺审批,是对提出资质行政审批申请的申请人,由行政审批机关一次性告知其审批条件,申请人以书面形式承诺符合审批条件,行政审批机关根据申请人承诺直接作出行政审批决定的制度。《通知》规定,在作出准予行政审批决定后的 6 个月内,由住房城乡建设部建筑市场监管司及相关专家组成核查组,对涉及的企业业绩全部实地核查,重点是对被审批人承诺的关于企业业绩指标是否符合标准要求进行检查。核查中发现被审

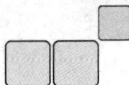

批人实际情况与承诺内容不相符的（除企业技术负责人发生变更），住房城乡建设部将依法撤销其相应资质，并列入建筑市场主体"黑名单"。被撤销资质企业自资质被撤销之日起3年内不得申请该项资质。

2017年12月，《住房城乡建设部办公厅关于取消工程建设项目招标代理机构资格认定加强事中事后监管的通知》（以下简称《通知》）下发。《通知》规定，自2017年12月28日起，各级住房城乡建设部门不再受理招标代理机构资格认定申请，停止招标代理机构资格审批。建立信息报送和公开制度。招标代理机构可按照自愿原则向工商注册所在地省级建筑市场监管一体化工作平台报送基本信息。信息内容包括：营业执照相关信息、注册执业人员、具有工程建设类职称的专职人员、近3年代表性业绩、联系方式。上述信息统一在住房城乡建设部全国建筑市场监管公共服务平台（以下简称公共服务平台）对外公开，供招标人根据工程项目实际情况选择参考。对存在报送虚假信息行为的招标代理机构，工商注册所在地省级住房城乡建设主管部门应当将其弄虚作假行为信息推送至公共服务平台对外公布。《通知》要求，加快推进省级建筑市场监管一体化工作平台建设，规范招标代理机构信用信息采集、报送机制，加大信息公开力度，强化信用信息应用，推进部门之间信用信息共享共用。加快建立失信联合惩戒机制，强化信用对招标代理机构的约束作用，构建"一处失信、处处受制"的市场环境。

四、减轻企业负担激发市场活力

2017年6月，住房城乡建设部、财政部印发修订后的《建设工程质量保证金管理办法》（以下简称《管理办法》），大幅度降低了预留保证金的比例，由工程价款结算总额的5%降为3%，并对保证金的返还做出了明确规定。

《管理办法》规定，发包人应当在招标文件中明确保证金预留、返还等内容，并与承包人在合同条款中对涉及保证金的下列事项进行约定：①保证金预留、返还方式；②保证金预留比例、期限；③保证金是否计付利息，如计付利息，利息的计算方式；④缺陷责任期的期限及计算方式；⑤保证金预留、返还及工程维修质量、费用等争议的处理程序；⑥缺陷责任期内出现缺陷的索赔方式；⑦逾期返还保证金的违约金支付办法及违约责任。推行银行保函制度，承包人可以银行保函替代预留保证金。在工程项目竣工前，已经缴纳履约保证金的，发包人不得同时预留工程质量保证金。采用工程质量保证担保、工程质量保险等其他保证方式的，发包人不得再预留保证金。《管理办法》要求，发包人应按照合同约定方式预留保证金，保证金总预留比例不得高于工程价款结算总额的3%。合同约定由承包人以银行保函替代预留保证金的，保函金额不得高于工程价款结算总额的3%。《管理办法》还要求，发包人在接到承包人返还保证金申请后，应于14天内会同承包人按照合同约定的内容进行核实。如无异议，发包人应当按照约定将保证金返还给承包人。对返还期限没有约定或者约定不明确的，发包人应当在核实后14天内将保证金返还承包人，逾期未返还的，依法承担违约责任。发包人在接到承包人返还保证金申请后14天内不予答复，经催告后14天内仍不予答复，视同认可承包人的返还保证金申请。

五、促进建筑市场公平公正竞争

建筑市场诚信体系建设有助于降低监管成本，有效防范和减少建筑市场违法违规行为。2017年，住房城乡建设部加快推进建筑市场诚信体系建设，规范建筑市场秩序，构建守信激励、失信惩戒机制，营造公平竞争、诚信守法的市场环境。

建筑市场监管公共服务平台的建设对建筑业开放及公平竞争市场环境的打造起到了重要的推动作用。2017年6月，《住房城乡建设部办公厅关于扎实推进建筑市场监管一体化工作平台建设的通知》（以下简称《通知》）下发。《通知》要求，各省级住房城乡建设主管部门要进一步完善省级平台功能，指导和服务建筑市场有关主体及时通过平台办理各项业务。各级住房城乡建设主管部门要按照全国统一的数据标准，加强工程建设企业、注册人员、工程项目、诚信信息等基础数据库建设，采取有效措施加强数据治理，稳步提升入库建筑市场监管数据质量。各级住房城乡建设主管部门应当制定工程项目信息采集管理办法，建立责任追溯制度，对进入省级平台的工程项目信息严格把关，防止虚假信息入

库。对于在工程项目信息采集录入中弄虚作假的单位或个人要严格依法处理，并作为不良信用记录上报全国平台。及时公开工程建设企业和注册人员等建筑市场相关主体的信用信息。要进一步加大不良信用信息的采集和上报力度，在行政处罚决定生效后，及时通过省级平台上报到全国平台。

2017 年 12 月，住房城乡建设部印发《建筑市场信用管理暂行办法》（以下简称《暂行办法》），全面推行建筑市场信用管理。《暂行办法》要求，信用信息由基本信息、优良信用信息、不良信用信息构成。地方各级住房城乡建设主管部门应当通过省级建筑市场监管一体化工作平台，认定、采集、审核、更新和公开本行政区域内建筑市场各方主体的信用信息，通过省级建筑市场监管一体化工作平台依法对社会公开，并推送至全国建筑市场监管公共服务平台。加强与发展改革、人民银行、人民法院、人力资源社会保障、交通运输、水利、工商等部门和单位的联系，加快推进信用信息系统的互联互通，逐步建立信用信息共享机制。各级住房城乡建设主管部门应当充分利用全国建筑市场监管公共服务平台，建立完善建筑市场各方主体守信激励和失信惩戒机制。对信用好的，可根据实际情况在行政许可等方面实行优先办理、简化程序等激励措施；对存在严重失信行为的，作为"双随机、一公开"监管重点对象，加强事中事后监管，依法采取约束和惩戒措施。将列入建筑市场主体"黑名单"和拖欠农民工工资"黑名单"的建筑市场各方主体作为重点监管对象，在市场准入、资质资格管理、招标投标等方面依法给予限制，不得将列入建筑市场主体"黑名单"的建筑市场各方主体作为评优表彰、政策试点和项目扶持对象。《暂行办法》规定，省级住房城乡建设主管部门可以结合本地实际情况，开展建筑市场信用评价工作。鼓励第三方机构开展建筑市场信用评价。建筑市场信用评价主要包括企业综合实力、工程业绩、招标投标、合同履约、工程质量控制、安全生产、文明施工、建筑市场各方主体优良信用信息及不良信用信息等内容。地方各级住房城乡建设主管部门可以结合本地实际，在行政许可、招标投标、工程担保与保险、日常监管、政策扶持、评优表彰等工作中应用信用评价结果。

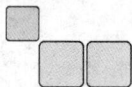

第四章　加快转型升级　提高发展质量

2017 年，建筑业企业继续加快转型升级，围绕市场需求积极拓展业务范围，优化业务组合，提高发展质量，提升竞争优势。

一、持续优化业务结构

一些企业结合形势和市场需求加快推进结构调整、产业升级，传统业务市场份额持续巩固，新兴业务市场开拓成效显著。

2017 年，中国铁建股份有限公司实施"建筑为本、相关多元、协同一体、转型升级"的发展战略，深入推进经营机制改革与市场布局调整，工程经营领域进一步拓宽，工程承包经营、资本运营、房地产经营取得较大进展，工业制造能力、机械化施工能力显著增强，全年新签合同额 15083.124 亿元，同比增长 23.72%。转型升级多方发力、进展加快，大力推进从承包商、建造商向投资商、运营商转型。2017 年，新增投融资项目 119 个，投融资经营新签项目合同额达 3774 亿元，在手投融资项目总数达到 342 个。高速公路、城市轨道、综合管廊、地方铁路、停车场等运营类项目初具规模。2017 年，非工程承包产业新签合同额、营业收入、利润总额占比分别达到 14.26%、18.26%、50.68%，同比分别增长 34.58%、16.32%、10.09%。

中国电力建设股份有限公司基础设施业务取得快速增长、质量效益进一步提升、业务结构进一步优化。公司顺应 PPP 市场发展趋势，着力提升外部资源整合能力，着重推进基础设施重大项目落地加速，把握 PPP 市场机遇能力不断提升，驾驭 PPP 商业模式能力持续提升，并取得了显著成效，有力促进了公司业务结构调整、促进了业务发展质量效益的提升。2017 年，公司在发展 PPP 业务的同时着重强化 PPP 项目管理体系建设，健全完善业务管理制度，构建了从项目发起、投资、建设等重点风险管控体系，PPP 业务风险控制能力进一步增强。2017 年，

公司完成国内基础设施业务营业收入 1021.63 亿元，同比增长 21.33％。实现新签合同 1920.50 亿元，同比增长 24.50％，其中新签 PPP 项目 50 个，合同总金额 1338.60 亿元，同比增长 52.10％。

中国交通建设股份有限公司新兴市场开拓成效显著，以 PPP 类投资项目为引领，新的产品结构、商业模式已成为公司发展的重要支撑。公司广泛参与轨道交通、城市综合管网、机场等城市基础设施建设，同时，加快生态环保、水环境治理等新兴产业布局，努力培育新的增长点。2017 年，国内市政与环保等工程新签合同额为 2309.29 亿元，增长 101.64％，占基建建设业务的 29％。其中，来自于 PPP 投资类项目确认的合同额为 1062.08 亿元。PPP 投资类项目对于新签合同额的快速增加起到了强有力的市场进入和市场补充作用。

龙元建设集团股份有限公司主营业务为传统建筑施工业务与 PPP 业务。2013 年公司进军 PPP 业务，通过近四年的努力，2017 年 PPP 业务新接订单量与 PPP 业务贡献的净利润首次实现双超主业，基本实现了从单一施工总承包企业向城市基础设施及公共服务设施投资-建设-运营商的转型升级。公司 PPP 业务快速发展，2017 年新承接业务 320.78 亿元。PPP 新承接业务订单占公司总订单比重持续提升，由 2016 年的 59.29％提升至 2017 年的 64.76％。2017 年末，公司中标 PPP 项目覆盖 15 个省份，跟踪洽谈的项目遍布 80％以上省份。同时公司组建了 6 个市场团队、8 个区域市场总部、17 个市场部，形成广泛覆盖的 PPP 市场立体式网络。

二、创新提升发展质量

一些企业走高技术高质量发展之路，大力实施科技兴企战略，持续推进科技创新，依靠科技创新，提升发展质量，提高核心竞争力。

中国冶金科工股份有限公司积极构建和完善科技创新体系，全面提升科技创新能力，充分发挥科研与工程一体化的创新优势，持续释放技术创新的动力倍增效应，实现科技创新引领作用，成为促进企业转型升级的新引擎、新动能。为更好地支撑公司转型升级，优化产业结构，加快新兴产业发展，公司在已有六大技术研究院的基础上，以中冶建筑研究总院有限公司为依托，筹建中国中冶装配式建筑（北京）技术研究院；以中国二十二冶集团有限公司为依托，筹建中国中冶装配式建筑（河北）技术研究院；以上海宝冶集团有限公司为依托，筹建中国中冶装配式建筑（上海）技术研究院，继续加大对新兴领域核心技术的研发力度，支撑新兴市场开发，为公司改革发展提供新动力。同时，围绕市场需求，通过在管廊、海绵城市、美丽乡村与智慧城市、水环境治理、康养产业、主题公园、装配式建筑等领域重点开展产业规划、核心技术研发、标准编制、成果转化、协同创新等科技工作，推动公司抢占新的科技制高点，加速新兴产业的技术研发与推广应用，引领公司转型升级。公司集中优势，占据高端，不断推进核心技术产品化、产品产业化。在基本建设领域，开发应用了消能-承载双功能金属构件及其高性能减震结构、大型桥式起重机安装技术及应用、现代工业管道数字化预制技术研究与应用等设计施工新技术；在新兴产业领域，公司在主题公园新型材料及主题公园工程技术标准体系、城镇污水处理管网建设与运营、"健康管家"应用系统、智慧康养社区信息集成应用技术等方面取得突破性进展，这些关键技术在工程实施中得到了充分利用。

中国铁建股份有限公司大力加强科技创新，召开科技创新大会，出台一系列制度，明确目标、打通通道、规范管理，激发了全系统创新活力。所属子公司中铁第四勘察设计院集团有限公司"复杂环境下高速铁路无缝线路关键技术及应用"荣获国家科技进步一等奖；所属子公司中国铁建大桥工程局集团有限公司承建的主跨 1038 米棋盘洲悬索桥是中国铁建首个单跨超千米桥梁；所属子公司中国铁建重工集团有限公司成功研制国内首台常压换刀式超大直径泥水平衡盾构机。2017 年获得国家科技进步奖 3 项，省部级科技进步奖 84 项，国家级勘察设计奖 8 项，菲迪克奖 4 项，省部级勘察设计奖 226 项，詹天佑奖 10 项，授权专利 1719 件，其中发明专利 375 件，中国专利优秀奖 4 项。

中国中铁股份有限公司结合企业发展实际和工程建设需要，2017 年科技开发计划的科研课题 1109 项。科技开发计划课题以京张铁路、拉林铁路、印尼雅万高铁、成贵高铁、渝昆高铁以及大瑞铁路、郑州黄河特大桥、马尔代夫中马友谊大桥、赤壁长江公路大桥以及雅鲁藏布江

特大桥、八达岭隧道、高黎贡山隧道、成兰铁路杨家坪隧道工程、广州地铁、北京地铁、昆明地铁等重难点工程为依托，重点开展复杂环境地质条件下的长大山岭隧道建造技术、土-岩-孤石混合地层超大直径盾构装备及施工关键技术、大跨度铁路（公铁两用）斜拉悬吊组合体系桥梁关键技术、地下管廊综合施工技术、市域铁路无砟轨道系统、跨座式单轨轨道交通项目等关键技术的研究。2017年获得国家科技进步奖2项、技术发明奖二等奖1项，中国土木工程詹天佑奖8项，省部级科技成果奖298项；授权专利1205项，其中发明专利348项，中国专利奖优秀奖5项；获得省部级工法301项，中铁大桥局武汉市四环线青山长江公路大桥项目等18个项目被确立为第五批全国建筑业绿色施工示范工程。

三、积极开拓海外市场

2017年，建筑业企业积极响应国家"一带一路"倡议，进一步加大海外市场开拓力度，国际业务发展再创新成绩。

中国建筑股份有限公司积极践行国家倡议，海外规模再上新台阶。2017年新签合同额（含房地产业务）2096亿元，同比大幅增长65.7%；实现营业收入850亿元，同比增长6.8%。在"一带一路"沿线国家新签合同额1232亿元，占年度境外新签约总额近60%。海外市场开拓成果显著，经营布局持续完善，海外市场触角大幅拓展。全年新签合同额5亿元以上的海外市场26个，30亿元以上海外市场已达15个。

中国交通建设股份有限公司巩固传统市场、开拓新兴市场、做强周边市场，保持海外可持续发展喜人态势。深挖非洲市场，全年新签合同额88.38亿美元。加大对马来西亚等亚太周边市场的开发力度，全年新签合同额148.43亿美元。收购巴西排名第一的工程设计咨询公司，签署加拿大第三大工程公司收购协议，稳步进入阿富汗、尼泊尔、乌克兰、突尼斯等新市场。截至2017年，公司进入全球国别市场已达141个，境外机构达215个。2017年，来自于海外地区的新签合同额为2255.85亿元，占集团新签合同额的25%。基建建设业务中海外工程新签合同额2088.11亿元，占基建建设业务的27%。其中，新签合同额

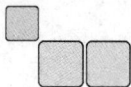

在 3 亿美元以上的项目 13 个，总合同额 219.41 亿美元，占海外工程新签合同额的 70%。在"一带一路"相关国家和地区新签合同额 166.43 亿美元。

中国电力建设股份有限公司推进"国际业务集团化、国际经营属地化、集团公司全球化"全球发展三步走战略，坚持"高端切入、规划先行、风险可控、效益保障"的经营策略，国际业务稳步增长。2017 年，新签国际业务合同 1188.26 亿元，同比增长 0.89%；完成营业收入 632.20 亿元，同比增长 16.98%。在"一带一路"国家新签合同金额 695.80 亿元，同比增长 9.38%。

第五章 走进新时代 实现新发展

一、建筑业发展面临的形势

（一）新时代新要求

十九大报告指出，中国特色社会主义进入新时代，我国社会主要矛盾已经转化为人民日益增长的美好生活需要和不平衡不充分的发展之间的矛盾。要在继续推动发展的基础上，着力解决好发展不平衡不充分问题，大力提升发展质量和效益。发展是解决我国一切问题的基础和关键，发展必须是科学发展，必须坚定不移贯彻创新、协调、绿色、开放、共享的发展理念。

经济转向高质量发展阶段。十九大报告提出，我国经济已由高速增长阶段转向高质量发展阶段，正处在转变发展方式、优化经济结构、转换增长动力的攻关期，建设现代化经济体系是跨越关口的迫切要求和我国发展的战略目标。必须坚持质量第一、效益优先，以供给侧结构性改革为主线，推动经济发展质量变革、效率变革、动力变革。把提高供给体系质量作为主攻方向，显著增强我国经济质量优势。支持传统产业优化升级。坚持去产能、去库存、去杠杆、降成本、补短板，优化存量资源配置，扩大优质增量供给，实现供需动态平衡。

创新是引领发展的第一动力。十九大报告提出，加快建设创新型国家，创新是引领发展的第一动力，是建设现代化经济体系的战略支撑。建立以企业为主体、市场为导向、产学研深度融合的技术创新体系，加强对中小企业创新的支持，促进科技成果转化。

目前，建筑业生产方式依旧粗放、质量安全事故时有发生、企业核心竞争力不强、工人技能素质偏低，传统的建设模式、施工方式与国际先进水平存在较大差距，房屋建筑的质量、宜居性和舒适度还不能满足人民群众日益增长的消费需求。新时代对作为国民经济支柱产业的建筑业发展提出了新要求，赋予了新使命，建筑业提质增效、转型升级的要求更加紧迫，要求建筑业从依靠投资规模扩张的粗放式发展向以创新为驱动的质量效益型转变，切实树立起质量第一、质量优先的观念，围绕市场需求推进结构调整，提高建筑质量，提升产品品质。

质量强国战略，事关新时代中国特色社会主义的伟大胜利，作为国民经济支柱产业的建筑业，要牢固树立"创新、协调、绿色、开放、共享"的发展理念，坚持以推进供给侧结构性改革为主线，不断提升工程质量，提供高品质、安全、美观、绿色的建筑产品。

（二）新阶段新机遇

党的十九大提出了新的奋斗目标，做出了新的战略部署。十九大报告提出，到2020年，是全面建成小康社会决胜期。从2020年到2035年，在全面建成小康社会的基础上，基本实现社会主义现代化。从2035年到21世纪中叶，在基本实现现代化的基础上，把我国建成富强民主文明和谐美丽的社会主义现代化强国。从全面建成小康社会到基本实现现代化，再到全面建成社会主义现代化强国，是新时代中国特色社会主义发展的战略安排。

随着我国经济社会发展进入新时代，面对实现人民群众对幸福生活和居住环境更高要求的期盼，建筑业作为国民经济的支柱产业，责任重大，使命光荣。决胜全面建成小康社会和建设社会主义现代化强国的宏图大业，为建筑业开拓了大有作为的历史舞台。

1. 深化改革创造良好发展环境

近年来，建筑业改革政策密集出台，市场环境持续优化，市场化改革步伐不断加快。行业主管部门持续推进简政放权，放管结合，减轻企业负担，激发市场活力。积极推进监管信息化，建成全国建筑市场监管公共服务平台。积极推进统一建筑市场和诚信体系建设，营造更加开放、公平的市场环境。落实建设工程参与各方责任，保障工程质量。2017年2月，《国务院办公厅关于促进建筑业持续健康发展的意见》发布，从深化建筑业简政放权改革、完善工程建设组织模式、加强工程质

量安全管理、优化建筑市场环境、提高从业人员素质、推进建筑产业现代化、加快建筑业企业"走出去"等方面提出 20 条措施，对促进建筑业持续健康发展具有重要意义。改革的深入发展创造了良好的环境，使建筑业处于创新发展和大有作为的战略机遇期，使建筑业进入了产业现代化全面提升的新阶段。

2. 基础设施建设方兴未艾

十九大报告提出，加强水利、铁路、公路、水运、航空、管道、电网、信息、物流等基础设施网络建设。

随着市场需求结构从房屋建筑工程占据较高比重转变为基础设施产品比重逐渐提高，我国将加快推进交通基础设施、水利基础设施、环保基础设施的建设，发挥基础设施对经济社会发展的支撑引领作用。铁路、公路等基础设施建设市场规模的进一步扩大给建筑业带来新的发展机遇。

2017 年 2 月，国务院印发《全国国土规划纲要》（2016—2030 年），《纲要》提出，加强基础设施建设，完善综合交通运输体系，加快水利基础设施建设，强化环保基础设施建设。

《全国国土规划纲要》（2016—2030 年）（摘要）
加强基础设施建设

完善综合交通运输体系。适应多中心网络型国土空间开发格局建设需要，加快建设国际国内综合运输大通道，加强综合交通基础设施网络建设，构建由铁路、公路、水路、民航和管道共同组成的配套衔接、内通外联、覆盖广泛、绿色智能、安全高效的综合交通运输体系。

建设发达完善的铁路网。加快高速铁路、区际干线、国土开发性铁路建设，积极发展城际、市郊（域）铁路，完善区域铁路网络，优化城镇密集区交通网络。到 2030 年，全国铁路营业里程达到 20 万千米以上。

建设顺畅便捷的公路网。完善国家公路网，加快国家高速公路剩余路段建设，推进扩容路段建设，加强国省干线公路新改建，建

设经济干线公路、口岸公路、港口集疏运公路、旅游公路和国边防公路,推进农村公路建设。到2030年,建成580万千米公路网。

完善现代化水运体系。重点建设内河高等级航道和沿海主要港口。到2030年,建成干支衔接、沟通海洋的内河航道系统;进一步优化环渤海、长江三角洲、珠江三角洲、东南沿海和西南沿海地区五大区域港口群布局,形成层次分明、优势互补、功能完善的现代港口体系。

完善机场布局体系。加快实施干线机场迁建、新建、改扩建工程,加大支线机场建设力度。到2030年,基本建成覆盖广泛、分布合理、功能完善、集约环保的现代化机场体系。

合理布局管道运输网络。统筹油气进口运输通道和国内储备系统建设,加快形成跨区域、与周边国家和地区紧密相连的油气运输通道。加快西北、东北、西南三大陆路进口原油和天然气干线管道建设,完善环渤海、长江三角洲、西南、东南沿海向内陆地区和沿江向腹地辐射的成品油输送管道,加强西北、东北成品油外输管道建设。完善成渝、环渤海、珠江三角洲、中南、长江三角洲等区域性天然气输送管网,形成连接主产区、消费地和储气点的全国基干管网。

加快水利基础设施建设。坚持节水优先、空间均衡、系统治理、两手发力,集中力量加快建设一批全局性、战略性重大水利工程,统筹加强中小型水利设施建设,提高水安全保障能力。推进江河流域系统整治,进一步夯实农村水利基础,加强水生态治理与保护,完善水利防灾减灾体系。

加强江河湖库防洪抗旱设施建设。继续推进大江大河大湖治理和蓄滞洪区建设。加快中小河流、重点平原涝区治理和城市排涝设施建设,加强山洪灾害防治、海堤建设和跨界河流整治。强化重要城市应急备用水源建设,稳步推进海绵城市建设,加快干旱易发区、粮食主产区和城镇密集区抗旱水源工程及配套设施建设,做好地下水水源涵养和储备。

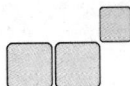

加快农村水利设施建设。大力发展节水灌溉，完成全国大型灌区、重点中型灌区续建配套与节水改造，新建一批现代灌区。推进小型农田水利建设，积极发展牧区水利。实施农村饮水安全巩固提升工程，进一步提高农村供水保障水平。

推进水资源配置工程建设。有序推进重点水源工程建设，提高重点地区、重点城市和粮食主产区的水资源调蓄能力和供水保障能力。按照确有需要、生态安全、可以持续的原则，适度有序推进引调水工程建设，控制跨流域调水工程的数量和规模，统筹解决区域资源性缺水问题。加强雨洪水、再生水、海水淡化等非常规水源利用。因地制宜开展江河湖库水系连通工程建设，构建引排顺畅、蓄泄得当、丰枯调剂、多源互补的江河湖库水网体系。

强化环保基础设施建设。提升城镇污水处理水平，加大污水管网建设力度，推进雨、污分流改造，加快县城和重点建制镇污水处理厂建设。加强大宗工业固体废弃物和危险废弃物污染防治，加快医疗废弃物全过程管理与无害化处置设施和城乡生活垃圾处理设施建设。建设先进高效的放射性污染治理和废物处理体系，加快放射性废弃物贮存、处理和处置能力建设。

2016 年 7 月，国家发展改革委、交通运输部、中国铁路总公司印发《中长期铁路网规划》，规划期为 2016～2025 年，远期展望到 2030 年。

《中长期铁路网规划》（摘要）

规划目标：

到 2020 年，一批重大标志性项目建成投产，铁路网规模达到 15 万公里，其中高速铁路 3 万公里，覆盖 80% 以上的大城市，为完成"十三五"规划任务、实现全面建成小康社会目标提供有力支撑。到 2025 年，铁路网规模达到 17.5 万公里左右，其中高速铁路 3.8 万公里左右，网络覆盖进一步扩大，路网结构更加优化，骨干作用更加显著，更好发挥铁路对经济社会发展的保障作用。展望到

2030 年，基本实现内外互联互通、区际多路畅通、省会高铁连通、地市快速通达、县域基本覆盖。

——完善广覆盖的全国铁路网。连接 20 万人口以上城市、资源富集区、货物主要集散地、主要港口及口岸，基本覆盖县级以上行政区，形成便捷高效的现代铁路物流网络，构建全方位的开发开放通道，提供覆盖广泛的铁路运输公共服务。

——建成现代的高速铁路网。连接主要城市群，基本连接省会城市和其他 50 万人口以上大中城市，形成以特大城市为中心覆盖全国、以省会城市为支点覆盖周边的高速铁路网。实现相邻大中城市间 1～4 小时交通圈，城市群内 0.5～2 小时交通圈。提供安全可靠、优质高效、舒适便捷的旅客运输服务。

——打造一体化的综合交通枢纽。与其他交通方式高效衔接，形成系统配套、一体便捷、站城融合的铁路枢纽，实现客运换乘"零距离"、物流衔接"无缝化"、运输服务"一体化"。

各地也加快交通基础设施建设，引领经济社会发展。如《安徽省现代铁路交通体系建设规划（2017—2021 年)》提出，未来五年安徽铁路发展以"完善网络、扩大能力、提升水平、做强枢纽"为重点，全力推进快速铁路建设，提升改造既有普通铁路，加快城际铁路、城市轨道交通和市域（郊）铁路发展，完善路网布局和结构，强化多种交通方式一体化客货运枢纽建设，着力构建现代化铁路网。到 2021 年，该省铁路运营里程达到 6300km，预计实现 16 个市、53 个县（县级市）通铁路，16 个市、41 个县（县级市）通高铁，基本建成现代铁路交通体系。《安徽省公路建设规划（2017—2021 年）》提出，未来五年，该省将实现县县通高速，高速公路通车里程达 5700km 以上。

3. 城市建设新要求带来发展新机遇

城市基础设施是新型城镇化的物质基础，也是城市社会经济发展、人居环境改善、公共服务提升和城市安全运转的基本保障。改革开放以来，城镇化和城市建设取得巨大成就，但城市基础设施总量不足、水平偏低、发展不均衡、"城市病"普遍存在等问题制约着城市的发展。加

快构建布局合理、设施配套、功能完备、安全高效的城市基础设施体系，对于扎实推进新型城镇化、确保全面建成小康社会具有重要意义。2017年5月，由住房城乡建设部、国家发展改革委组织编制的《全国城市市政基础设施建设"十三五"规划》（以下简称《规划》）发布实施，这是首次编制出台的国家级、综合性的市政基础设施规划。《规划》提出，到2020年，建成与小康社会相适应的布局合理、设施配套、功能完备、安全高效的现代化城市市政基础设施体系，基础设施对经济社会发展支撑能力显著增强。《规划》提出了"十三五"时期的12项重点工程。

《全国城市市政基础设施建设"十三五"规划》（摘要）

重点工程：

城市路网加密缓堵工程

新增（含道路挖潜新增的路面宽度在3.5米及以上各种铺装道路、道路新建）城市道路10.4万公里，新增道路面积19.5亿平方米。

城市轨道交通建设工程

500万人口以上特大、超大城市，加大轨道交通网络覆盖率，300万—500万Ⅰ型大城市加快建设城市轨道交通骨干网络，100万—300万Ⅱ型大城市积极推进轻轨等城市轨道交通系统建设，共新增城市轨道交通运营里程3000公里以上。

城市综合管廊建设工程

结合道路建设与改造、新区建设、旧城更新、河道治理、轨道交通、地下空间开发等，建设干线、支线地下综合管廊8000公里以上。

城市供水安全保障工程

新建水厂规模共计0.45亿立方米，新建供水管网长度共计9.30万公里。对出厂水水质不能稳定达标的水厂全面进行升级改造，总规模0.65亿立方米/日。对受损失修、落后管材和瓶颈管段的供水管网进行更新改造，共计8.08万公里。对不符合技术、卫生和安全防范要求的二次供水设施进行改造,总规模 1282 万户。在 100 个城市开展分区计量、漏损节水改造。

城市黑臭水体治理工程

在全国 36 个重点城市开展初期雨水污染治理,新增处理能力 831 万立方米/日。全国地级及以上城市治理黑臭水体 2026 个,总长度 5798km。

新建污水管网 9.5 万公里,改造老旧污水管网 2.3 万公里,改造合流制管网 2.9 万公里。新增污水处理能力 3927 万立方米/日,污水处理设施升级改造 4220 万立方米/日。新增污泥处理处置能力 5.6 万吨/日。新增再生水处理能力 1504 万立方米/日。

建设国家排水与污水处理监测站,包括 1 座国家站,38 座省级站,288 座地市级站,361 座县级站。

海绵城市建设工程

通过海绵型建筑与小区、海绵型道路与广场、海绵型公园与绿地、雨水蓄排与净化利用等设施建设,使满足海绵城市建设要求的城市建成区达到 1.1 万平方公里,建立海绵城市监测评估技术评价体系。

排水防涝设施建设工程

建设城市雨水管道 11.24 万公里、大型雨水管廊/箱涵 0.99 万公里,机排泵站建设总规模 2.87 万立方米/秒,调蓄设施总容积 2.37 亿立方米,行泄通道整治与建设总长 1.74 万公里,临时(应急)排水装备总规模 2996 立方米/秒。

燃气供热设施建设工程

改造分散采暖燃煤小锅炉热源总供热能力 1.5 万兆瓦;改造供热一次网老旧管网 3.0 万公里,供热二次网 2.0 万公里;改造市政燃气管网 3.1 万公里,庭院燃气设施 3.0 万公里。

新建集中供热热源供热能力 17.1 万兆瓦,与之配套的新建集中供热管网 4.1 万公里。新建燃气管道 13.7 万公里,新建燃气、供热系统监控平台 555 座。

在 200 个设市城市、县城实施道路照明节能改造。

城市垃圾收运处理工程

新增生活垃圾处理设施规模 50.97 万吨/日，新增转运设施规模 31.59 万吨/日，新增市容环卫车辆 9.27 万辆。

新增餐厨垃圾处理能力 3.44 万吨/日，新增建筑垃圾资源化利用能力 108.29 万吨/日，新增建筑垃圾消纳能力 97.46 万吨/日。

园林绿地增量提质工程

新建城市综合公园、社区公园、专类公园和游园等各类公园绿地面积 16 万公顷，提质改造现存公园绿地 23 万公顷。

新增绿道 2 万公里，新增郊野公园 5 万公顷，新增城市绿廊 10 万公顷。

城市生态修复工程

对破损山体、城市废弃地开展生态修复，共计 4 万公顷。新增屋顶绿化总面积不低于 1500 公顷，垂直绿化投影总长度不少于 3000 公里。

市政设施智慧建设工程

在全国 656 个城市全面开展城市市政基础设施调查，开展市政基础设施信息化、智慧化建设与改造，建立全国城市市政基础设施数据库。依托已有基础，建设完善全国城市市政基础设施监管平台。

为改善生态环境质量、补足城市基础设施短板、提高公共服务水平、转变城市发展方式，2017 年 3 月，《住房城乡建设部关于加强生态修复城市修补工作的指导意见》（以下简称《指导意见》）发布，《指导意见》提出，2020 年，"城市双修"工作初见成效，被破坏的生态环境得到有效修复，"城市病"得到有效治理，城市基础设施和公共服务设施条件明显改善，环境质量明显提升，城市特色风貌初显。《指导意见》还提出，积极筹措资金，要争取发展改革、财政等部门的支持，多渠道增加对"城市双修"工程项目的投入。推动将重要的"城市双修"工程纳入国民经济和社会发展年度计划，保持每年安排一定比例的资金用于

"城市双修"项目,发挥好政府资金的引导作用。鼓励采用政府和社会资本合作(PPP)模式,发动社会力量推进"城市双修"工作。生态修复城市修补内容大多涉及建筑类工程,将形成新的巨大市场,为建筑业企业提供市场空间。

《住房城乡建设部关于加强生态修复城市修补工作的指导意见》(摘要)

加快山体修复。加强对城市山体自然风貌的保护,严禁在生态敏感区域开山采石、破山修路、劈山造град。根据城市山体受损情况,因地制宜采取科学的工程措施,消除安全隐患,恢复自然形态。保护山体原有植被,种植乡土适生植物,重建植被群落。在保障安全和生态功能的基础上,探索多种山体修复利用模式。

开展水体治理和修复。全面落实海绵城市建设理念,系统开展江河、湖泊、湿地等水体生态修复。加强对城市水系自然形态的保护,避免盲目截弯取直,禁止明河改暗渠、填湖造地、违法取砂等破坏行为。综合整治城市黑臭水体,全面实施控源截污,强化排水口、管道和检查井的系统治理,科学开展水体清淤,恢复和保持河湖水系的自然连通和流动性。因地制宜改造渠化河道,恢复自然岸线、滩涂和滨水植被群落,增强水体自净能力。

修复利用废弃地。科学分析废弃地和污染土地的成因、受损程度、场地现状及其周边环境,综合运用多种适宜技术改良土壤,消除场地安全隐患。选择种植具有吸收降解功能、适应性强的植物,恢复植被群落,重建自然生态。对经评估达到相关标准要求的已修复土地和废弃设施用地,根据城市规划和城市设计,合理安排利用。

完善绿地系统。推进绿廊、绿环、绿楔、绿心等绿地建设,构建完整连贯的城乡绿地系统。按照居民出行"300米见绿、500米入园"的要求,优化城市绿地布局,均衡布局公园绿地。通过拆迁建绿、破硬复绿、见缝插绿等,拓展绿色空间,提高城市绿化效果。因地制宜建设湿地公园、雨水花园等海绵绿地,推广老旧公园

提质改造，提升存量绿地品质和功能。乔灌草合理配植，广种乡土植物，推行生态绿化方式。

填补基础设施欠账。大力完善城市给水、排水、燃气、供热、通信、电力等基础设施，加快老旧管网改造，有序推进各类架空线入廊。加强污水处理设施、垃圾处理设施、公共厕所、应急避难场所建设，提高基础设施承载能力。统筹规划建设基本商业网点、医疗卫生、教育、科技、文化、体育、养老、物流配送等城市公共服务设施，不断提高服务水平。

增加公共空间。加大违法建设查处拆除力度，积极拓展公园绿地、城市广场等公共空间，完善公共空间体系。控制城市改造开发强度和建筑密度，根据人口规模和分布，合理布局城市广场，满足居民健身休闲和公共活动需要。加强对山边、水边、路边的环境整治，加大对沿街、沿路和公园绿地周边地区的建设管控，禁止擅自占用公共空间。

改善出行条件。加强街区的规划和建设，推行"窄马路、密路网"的城市道路布局理念，打通断头路，形成完整路网，提高道路通达性。优化道路断面和交叉口，适当拓宽城市中心、交通枢纽地区的人行道宽度，完善过街通道、无障碍设施，推广林荫路，加快绿道建设，鼓励城市居民步行和使用自行车出行。改善各类交通方式的换乘衔接，方便城市居民乘坐公共交通出行。鼓励结合老旧城区更新改造、建筑新建和改扩建，规划建设地下停车场、立体停车楼，增加停车位供给。加快充电设施建设，促进电动汽车的使用推广。

改造老旧小区。统筹利用节能改造、抗震加固、房屋维修等多方面资金，加快老旧住宅改造。支持符合条件的老旧建筑加装电梯，提升建筑使用功能和宜居水平。开展老旧小区综合整治，完善照明、停车、电动汽车充电、二次供水等基础设施，实施小区海绵化改造，配套建设菜市场、便利店、文化站、健身休闲、日间照料中心等社区服务设施，加强小区绿化，改善小区居住环境，方便居民生活。

保护历史文化。加强历史文化名城名镇保护，做好城市历史风貌协调地区的城市设计，保护城市历史文化，更好地延续历史文脉，展现城市风貌。鼓励采取小规模、渐进式更新改造老旧城区，保护城市传统格局和肌理。加快推动老旧工业区的产业调整和功能置换，鼓励老建筑改造再利用，优先将旧厂房用于公共文化、公共体育、养老和创意产业。确定公布历史建筑，改进历史建筑保护方法，加强城市历史文化挖掘整理，传承优秀传统建筑文化。

4.区域协调发展战略提供广阔市场

十九大报告指出，强化举措推进西部大开发形成新格局，深化改革加快东北等老工业基地振兴，发挥优势推动中部地区崛起，创新引领率先实现东部地区优化发展。以城市群为主体构建大中小城市和小城镇协调发展的城镇格局，加快农业转移人口市民化。以疏解北京非首都功能为"牛鼻子"推动京津冀协同发展，高起点规划、高标准建设雄安新区。以共抓大保护、不搞大开发为导向推动长江经济带发展。

2017年4月1日，中共中央、国务院决定设立河北雄安新区，这是继深圳经济特区和上海浦东新区之后又一具有全国意义的新区，是党中央深入推进京津冀协同发展的重大决策部署，对于集中疏解北京非首都功能，探索人口经济密集地区优化开发新模式，调整优化京津冀城市布局和空间结构，培育创新驱动发展新引擎，具有重大现实意义和深远历史意义。规划建设雄安新区将突出七个方面的重点任务：一是建设绿色智慧新城，建成国际一流、绿色、现代、智慧城市。二是打造优美生态环境，构建蓝绿交织、清新明亮、水城共融的生态城市。三是发展高端高新产业，积极吸纳和集聚创新要素资源，培育新动能。四是提供优质公共服务，建设优质公共设施，创建城市管理新样板。五是构建快捷高效交通网，打造绿色交通体系。六是推进体制机制改革，发挥市场在资源配置中的决定性作用和更好发挥政府作用，激发市场活力。七是扩大全方位对外开放，打造扩大开放新高地和对外合作新平台。雄安新区将加快推进交通基础设施建设、生态环境工程建设，启动一批重点项目，使建筑业企业大大受益。

2018年1月15日，国务院发布关于《关中平原城市群发展规划》的批复。在此之前，已批复珠三角城市群、长江中游城市群、成渝城市群、哈长城市群、长三角城市群、中原城市群等城市群规划。城市群规划均提出要加快推进高铁、高速公路等基础设施的共建。

区域发展战略的实施将带来交通基础设施和城市基础设施建设的大量投资，为建筑业发展提供广阔市场。

5."一带一路"建设带来市场空间

十九大报告提出，推动形成全面开放新格局，要以"一带一路"建设为重点，坚持引进来和走出去并重，遵循共商共建共享原则，加强创新能力开放合作，形成陆海内外联动、东西双向互济的开放格局。

"一带一路"倡议提出以来，促进企业走出去的政策和支持措施更全面、更广泛，伴随着加强基础设施互联互通，带动了大批重大项目建设，给建筑业企业带来了新的市场拓展空间，赋予了建筑业加快发展的新机遇。

2017年5月，"一带一路"国际合作高峰论坛在北京举行，这是中国首倡举办的"一带一路"建设框架内层级最高、规模最大的国际会议，各方达成多项共识，在对接政策和发展战略、推进经济走廊建设、加强重大项目合作、加大资金支持等方面提出了多项新举措。高峰论坛成果主要涵盖政策沟通、设施联通、贸易畅通、资金融通、民心相通5大类，共取得76大项、270多项具体成果。其中，深化项目合作、促进设施联通方面，取得了14大项成果。其中有"中国国家铁路局与巴基斯坦伊斯兰共和国铁道部签署关于实施巴基斯坦1号铁路干线升级改造和哈维连陆港项目建设的框架协议""中国商务部与柬埔寨公共工程与运输部签署关于加强基础设施领域合作的谅解备忘录""中国国家开发银行与印度尼西亚-中国高铁有限公司签署雅万高铁项目融资协议，与斯里兰卡、巴基斯坦、老挝、埃及等国有关机构签署港口、电力、工业园区等领域基础设施融资合作协议"等。

"一带一路"沿线相当一部分国家和地区正面临重大的基础设施建设任务，未来几年，"一带一路"沿线铁路、公路、机场和水利建设等基础设施互联互通项目将优先发展，建筑业企业"走出去"大有可为。

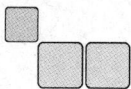

二、转型升级，创新发展

新时代对建筑业企业的发展理念和发展模式提出了新的要求，建筑业正向质量提升、结构优化、低碳环保迈进，紧跟时代发展脚步，改革创新、砥砺前行，是建筑业企业快速发展的根本。建筑业要秉持新的发展理念，转变发展方式，坚持质量第一、效益优先，不断提高创新力和竞争力，不断提供更加符合人民群众需求的产品和服务，实现更高质量、更可持续的发展。

（一）顺应趋势，加快转型

企业要紧跟国家政策导向，适应市场发展变化，及时调整发展策略，将国家、行业的结构调整、转型升级的方针政策与企业的发展实际相结合，为未来发展做全面布局与规划。新形势下，面对产业结构优化升级的压力，企业唯有积极应对，主动适应，顺应市场发展要求进行战略调整，加快转型步伐，积极推进产业链向上下游延伸，向基础设施、城市更新、生态保护和环境治理、建筑工业化、新能源等业务领域发展，才能在激烈的市场竞争中赢得主动，才能取得长远发展。

（二）强化创新，增强实力

增强科技创新能力，是建筑业转变发展方式、推动工程建设领域向高质量发展的重要支撑。用先进的科学技术提升企业项目管理能力、提升工程建造水平和工程质量，在创新转型中不断培育和深化核心竞争力，已成为建筑业健康、持续、快速发展的关键。工业化技术、信息化技术和绿色建造技术正在冲击着传统建筑业，行业传统粗放型发展模式向工业化、信息化、绿色化发展方向转变已是大势所趋，迫切需要建筑企业加快战略调整与转型步伐，强化以技术创新为核心的市场竞争力，加快传统建筑业与先进制造技术、信息技术、节能技术等的融合，走与新技术融合的发展之路，从外延式"量"的扩张向内涵式"质"的提高转变。以创新驱动引领，推动建筑业传统生产方式的升级改造，增强企业核心竞争力。

(三) 提升质量，打造品牌

工程质量是质量强国的重要内容，提高工程质量对于实现质量强国具有重要的作用。质量时代意味着质量提升、重视品质和打造品牌是必然趋势，随着市场对建筑品质和节能环保要求的日益提高，提升工程质量、提高建筑品质、给予用户更高的质量安全承诺，将成为企业生存、赢得市场的重要措施，拥有"技术、质量、品牌、服务"等综合实力的企业将成为市场主导，具备较强的市场优势。打造"中国建造"品牌，建筑企业是主体，企业要将质量提升放在更加突出的位置，在产品质量和生产服务各个环节精益求精，以一丝不苟的品质理念，追求卓越的质量管理。推行项目管理标准化，推行统一的作业标准和施工工艺，实现企业承揽的国内外工程项目的同质量标准建造，以质量和诚信构建企业品牌，以质量和诚信赢得市场竞争。

(四) 稳定队伍，提高素质

十九大报告提出，建设知识型、技能型、创新型劳动者大军，弘扬劳模精神和工匠精神，营造劳动光荣的社会风尚和精益求精的敬业风气。产业工人在加快转型升级、推动技术创新、提高企业竞争力等方面具有基础性作用。对于处于转型时期的建筑企业来说，建立一支知识型、技能型、创新型产业工人队伍极其重要。企业要把提高工人技能素质作为发展战略予以高度重视，保持企业稳定的骨干队伍，积极开展岗位技能培训，建立健全培育技能人才的保障激励机制，将工资分配向关键技术技能岗位倾斜，让技能人才有归属感和职业发展前景。

附录1 国务院办公厅关于开展工程建设项目审批制度改革试点的通知

国办发〔2018〕33 号

各省、自治区、直辖市人民政府，国务院各部委、各直属机构：

为贯彻落实党中央、国务院关于深化"放管服"改革和优化营商环境的部署要求，推动政府职能转向减审批、强监管、优服务，促进市场公平竞争，国务院决定开展工程建设项目审批制度改革试点。经国务院同意，现就试点工作有关事项通知如下：

一、总体要求

（一）指导思想。全面深入贯彻党的十九大和十九届二中、三中全会精神，以习近平新时代中国特色社会主义思想为指导，按照党中央、国务院关于深化"放管服"改革和优化营商环境的部署要求，以推进政府治理体系和治理能力现代化为目标，对工程建设项目审批制度进行全流程、全覆盖改革，努力构建科学、便捷、高效的工程建设项目审批和管理体系。

（二）试点地区。北京市、天津市、上海市、重庆市、沈阳市、大连市、南京市、厦门市、武汉市、广州市、深圳市、成都市、贵阳市、渭南市、延安市和浙江省。

（三）改革内容。改革覆盖工程建设项目审批全过程（包括从立项到竣工验收和公共设施接入服务）；主要是房屋建筑和城市基础设施等工程，不包括特殊工程和交通、水利、能源等领域的重大工程；覆盖行政许可等审批事项和技术审查、中介服务、市政公用服务以及备案等其他类型事项，推动流程优化和标准化。

（四）工作目标。2018 年，试点地区建成工程建设项目审批制度框架和管理系统，按照规定的流程，审批时间压减一半以上，由目前平均200 多个工作日压减至 120 个工作日。2019 年，总结推广试点经验，在

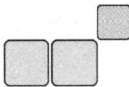

全国范围开展工程建设项目审批制度改革，上半年将审批时间压减至120个工作日，试点地区审批事项和时间进一步减少；地级及以上城市建成工程建设项目审批制度框架和管理系统。2020年，基本建成全国统一的工程建设项目审批和管理体系。

二、统一审批流程

（五）优化审批阶段。将工程建设项目审批流程主要划分为立项用地规划许可、工程建设许可、施工许可、竣工验收等四个阶段。其中，立项用地规划许可阶段主要包括项目审批核准备案、选址意见书核发、用地预审、用地规划许可等。工程建设许可阶段主要包括设计方案审查、建设工程规划许可证核发等。施工许可阶段主要包括消防、人防等设计审核确认和施工许可证核发等。竣工验收阶段主要包括规划、国土、消防、人防等验收及竣工验收备案等。其他行政许可、涉及安全的强制性评估、中介服务、市政公用服务以及备案等事项纳入相关阶段办理或与相关阶段并行推进。

（六）分类细化流程。根据工程建设项目类型、投资类别、规模大小等，分类细化审批流程，确定审批阶段和审批事项。简化社会投资的中小型工程建设项目审批，对于带方案出让土地的项目，不再对设计方案进行审核，将工程建设许可和施工许可合并为一个阶段。对于出让土地的工程建设项目，将建设用地审批纳入立项用地规划许可阶段。

（七）大力推广并联审批。每个审批阶段确定一家牵头部门，实行"一家牵头、并联审批、限时办结"，由牵头部门组织协调相关部门严格按照限定时间完成审批。

三、精简审批环节

（八）精简审批事项和条件。取消不符合上位法和不合规的审批事项。取消不合理、不必要的审批事项。对于保留的审批事项，要减少审批前置条件，公布审批事项清单。取消施工合同备案、建筑节能设计审查备案等事项。社会投资的房屋建筑工程，建设单位可以自主决定发包方式。

（九）下放审批权限。按照方便企业和群众办事的原则，对下级机关有能力承接的审批事项，下放或委托下级机关审批。相关部门要加强沟通协调，制定配套措施，完善监管制度，开展指导培训，提高审批效能。

（十）合并审批事项。由同一部门实施的管理内容相近或者属于同一办理阶段的多个审批事项，应整合为一个审批事项。推行联合勘验、联合测绘、联合审图、联合验收等。将消防设计审核、人防设计审查等技术审查并入施工图设计文件审查，相关部门不再进行技术审查。推行以政府购买服务方式开展施工图设计文件审查。将工程质量安全监督手续与施工许可证合并办理。规划、国土、消防、人防、档案、市政公用等部门和单位实行限时联合验收，统一竣工验收图纸和验收标准，统一出具验收意见。对于验收涉及的测量工作，实行"一次委托、统一测绘、成果共享"。

（十一）转变管理方式。对于能够用征求相关部门意见方式替代的审批事项，调整为政府内部协作事项。建设工程规划许可证核发时一并进行设计方案审查，由发证部门征求相关部门和单位意见，其他部门不再对设计方案进行单独审查。推行由政府统一组织对地震安全性评价、地质灾害危险性评估、环境影响评价、节能评价等事项实行区域评估。

（十二）调整审批时序。落实取消下放行政审批事项有关要求，环境影响评价、节能评价、地震安全性评价等评价事项不作为项目审批或核准条件，地震安全性评价在工程设计前完成即可，其他评价事项在施工许可前完成即可。可以将用地预审意见作为使用土地证明文件申请办理建设工程规划许可证，用地批准手续在施工许可前完成即可。将供水、供电、燃气、热力、排水、通信等市政公用基础设施报装提前到施工许可证核发后办理，在工程施工阶段完成相关设施建设，竣工验收后直接办理接入事宜。

（十三）推行告知承诺制。对通过事中事后监管能够纠正不符合审批条件的行为且不会产生严重后果的审批事项，实行告知承诺制。公布实行告知承诺制的审批事项清单及具体要求，申请人按照要求作出书面

承诺的，审批部门可以直接作出审批决定。对已经实施区域评估的工程建设项目，相应的审批事项实行告知承诺制。在部分工程建设项目中推行建设工程规划许可告知承诺制。

四、完善审批体系

（十四）"一张蓝图"统筹项目实施。加快建立"多规合一"业务协同平台，统筹各类规划。以"多规合一"的"一张蓝图"为基础，统筹协调各部门提出项目建设条件，建设单位落实建设条件要求，相关部门加强监督管理和考核评估。

（十五）"一个系统"实施统一管理。在国家和地方现有信息平台基础上，整合形成"横向到边、纵向到底"的工程建设项目审批管理系统，覆盖各部门和市、县、区、乡镇（街道）各层级，实现统一受理、并联审批、实时流转、跟踪督办、信息共享。其中，涉密工程按照有关保密要求执行。审批管理系统要与"多规合一"业务协同平台、各部门审批管理系统等信息平台互联互通，做到审批过程、审批结果实时传送。通过工程建设项目审批管理系统，加强对地方工程建设项目审批工作的指导和监督管理。

（十六）"一个窗口"提供综合服务。整合各部门和各市政公用单位分散设立的服务窗口，设立工程建设项目审批综合服务窗口。建立完善"前台受理、后台审核"机制，综合服务窗口统一收件、出件，实现"一个窗口"服务和管理。

（十七）"一张表单"整合申报材料。各审批阶段均实行"一份办事指南，一张申请表单，一套申报材料，完成多项审批"的运作模式，牵头部门制定统一的办事指南和申报表格，每一个审批阶段申请人只需提交一套申报材料。不同审批阶段的审批部门应当共享申报材料，不得要求申请人重复提交。

（十八）"一套机制"规范审批运行。建立健全工程建设项目审批配套制度，明确部门职责，明晰工作规程，规范审批行为，确保审批各阶段、各环节无缝衔接。建立审批协调机制，协调解决部门意见分歧。建立督办督查制度，实时跟踪审批办理情况，对全过程实施督查。

五、强化监督管理

（十九）加强事中事后监管。建立与工程建设项目审批制度改革相适应的监管体系。全面推行"双随机、一公开"监管，加大监督检查力度，严肃查处违法违规行为。对于实行告知承诺制的审批事项，审批部门应当在规定时间内对申请人履行承诺的情况进行检查，对申请人未履行承诺的，撤销行政审批决定并追究申请人的相应责任。

（二十）加强信用体系建设。建立工程建设项目审批信用信息平台，建立黑名单制度，将企业和从业人员违法违规、不履行承诺的不良行为向社会公开，构建"一处失信、处处受限"的联合惩戒机制。

（二十一）规范中介和市政公用服务。建立健全管理制度，实行服务承诺制，明确服务标准和办事流程，规范服务收费。依托工程建设项目审批管理系统建立中介服务网上交易平台，对中介服务行为实施全过程监管。

六、统筹组织实施

（二十二）强化组织领导。住房城乡建设部要切实担负起工程建设项目审批制度改革工作的组织协调和督促指导责任，各有关部门要加强协作、密切配合。试点地区人民政府要高度重视工程建设项目审批制度改革工作，成立以主要负责同志为组长的领导小组，完善工作机制，层层压实责任。试点地区要根据本通知编制实施方案，细化分解任务，明确责任部门，制定时间表、路线图，确保试点工作有序推进，并于2018年6月15日前将实施方案报送住房城乡建设部。鼓励改革创新，改革中涉及突破相关法律法规及政策规定的，按照程序报有权机关授权。支持试点地区在立法权限范围内先行先试，依法依规推进改革工作。研究推动在农村地区因地制宜开展相关工程建设项目审批制度改革。

（二十三）建立考评机制。住房城乡建设部要会同相关部门建立工程建设项目审批制度改革考核评价机制，重点考核评价试点地区全流程、全覆盖实施改革情况，考核评价试点地区统一审批流程、精简审批

环节、完善审批体系等情况，及时总结试点做法，形成可复制、可推广的经验，并将有关情况报国务院。试点地区人民政府要加大对有关部门改革工作的督查力度，跟踪督查改革任务落实情况。试点地区要定期向住房城乡建设部报送工作进展情况。对于工作推进不力、影响工程建设项目审批制度改革进程的，特别是未按时完成阶段性工作目标的，要依法依规严肃问责。

（二十四）做好宣传引导。试点地区要通过多种形式及时宣传报道相关工作措施和取得的成效，加强舆论引导，增进社会公众对试点工作的了解和支持，及时回应群众关切，为顺利推进试点工作营造良好的舆论环境。

国务院办公厅

2018 年 5 月 14 日

附录2 2017—2018年建筑业最新政策法规概览

1. 2018年5月14日，《国务院办公厅关于开展工程建设项目审批制度改革试点的通知》（国办发〔2018〕33号）下发，决定在北京市、天津市、上海市、重庆市、沈阳市、大连市、南京市、厦门市、武汉市、广州市、深圳市、成都市、贵阳市、渭南市、延安市和浙江省开展试点。改革覆盖工程建设项目审批全过程（包括从立项到竣工验收和公共设施接入服务）；主要是房屋建筑和城市基础设施等工程，不包括特殊工程和交通、水利、能源等领域的重大工程；覆盖行政许可等审批事项和技术审查、中介服务、市政公用服务以及备案等其他类型事项，推动流程优化和标准化。《通知》要求，2018年，试点地区建成工程建设项目审批制度框架和管理系统，按照规定的流程，审批时间压减一半以上，由目前平均200多个工作日压减至120个工作日。2019年，总结推广试点经验，在全国范围开展工程建设项目审批制度改革，上半年将审批时间压减至120个工作日，试点地区审批事项和时间进一步减少；地级及以上城市建成工程建设项目审批制度框架和管理系统。2020年，基本建成全国统一的工程建设项目审批和管理体系。《通知》明确了改革的主要内容：一是统一审批流程。将工程建设项目审批流程主要划分为立项用地规划许可、工程建设许可、施工许可、竣工验收等四个阶段；根据工程建设项目类型、投资类别、规模大小等，分类细化审批流程，确定审批阶段和审批事项；每个审批阶段确定一家牵头部门，实行"一家牵头、并联审批、限时办结"，由牵头部门组织协调相关部门严格按照限定时间完成审批。二是精简审批环节。精简审批事项和条件；下放审批权限；合并审批事项，推行联合勘验、联合测绘、联合审图、联合验收等；转变管理方式，对于能够用征求相关部门意见方式替代的审批事项，调整为政府内部协作事项；调整审批时序；推行告知承诺制。三是完善审批体系。"一张蓝图"统筹项目实施，"一个系统"实施统一

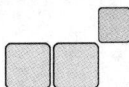

管理,"一个窗口"提供综合服务,"一张表单"整合申报材料,"一套机制"规范审批运行。四是强化监督管理。加强事中事后监管,加大监督检查力度;加强信用体系建设,构建"一处失信、处处受限"的联合惩戒机制;规范中介和市政公用服务,建立健全管理制度。

2. 2018年3月8日,住房城乡建设部颁布《危险性较大的分部分项工程安全管理规定》(住房和城乡建设部令第37号)。《管理规定》明确,危险性较大的分部分项工程(以下简称"危大工程"),是指房屋建筑和市政基础设施工程在施工过程中,容易导致人员群死群伤或者造成重大经济损失的分部分项工程。《管理规定》要求,勘察单位应当在勘察文件中说明地质条件可能造成的工程风险。设计单位应当在设计文件中注明涉及危大工程的重点部位和环节,提出保障工程周边环境安全和工程施工安全的意见,必要时进行专项设计。建设单位应当组织勘察、设计等单位在施工招标文件中列出危大工程清单,要求施工单位在投标时补充完善危大工程清单并明确相应的安全管理措施。建设单位应当按照施工合同约定及时支付危大工程施工技术措施费以及相应的安全防护文明施工措施费,在申请办理安全监督手续时,应当提交危大工程清单及其安全管理措施等资料。施工单位应当在危大工程施工前组织工程技术人员编制专项施工方案。对于超过一定规模的危大工程,施工单位应当组织召开专家论证会对专项施工方案进行论证。专家论证会后,应当形成论证报告,对专项施工方案提出通过、修改后通过或者不通过的一致意见。《管理规定》还要求,专项施工方案实施前,编制人员或者项目技术负责人应当向施工现场管理人员进行方案交底,施工现场管理人员应当向作业人员进行安全技术交底。施工单位应当严格按照专项施工方案组织施工,项目负责人应当在施工现场履职,项目专职安全生产管理人员应当对专项施工方案实施情况进行现场监督,监理单位应当结合危大工程专项施工方案编制监理实施细则并对危大工程施工实施专项巡视检查。《管理规定》对需要进行第三方监测及需要验收的危大工程也明确提出了要求。《管理规定》要求县级以上地方人民政府住房城乡建设主管部门或者所属施工安全监督机构对危大工程进行抽查,在监督抽查中发现危大工程存在安全隐患的,应当责令施工单位整改;对依法应当给予行政处罚的行为，应当依法作出行政处罚决定。县级以上地方人民政府住房城乡建设主管部门应当将单位和个人的处罚信息纳入建筑施工安全生产不良信用记录。《管理规定》还对危大工程参与各方违法违规行为明确了处罚措施。《管理规定》自2018年6月1日起施行。

3. 2017年7月7日，《住房城乡建设部关于促进工程监理行业转型升级创新发展的意见》（建市〔2017〕145号）下发。《意见》提出了工程监理行业转型升级创新发展的主要目标：工程监理服务多元化水平显著提升，服务模式得到有效创新，逐步形成以市场化为基础、国际化为方向、信息化为支撑的工程监理服务市场体系。行业组织结构更趋优化，形成以主要从事施工现场监理服务的企业为主体，以提供全过程工程咨询服务的综合性企业为骨干，各类工程监理企业分工合理、竞争有序、协调发展的行业布局。监理行业核心竞争力显著增强，培育一批智力密集型、技术复合型、管理集约型的大型工程建设咨询服务企业。《意见》明确了工程监理行业转型升级创新发展的主要任务：一是推动监理企业依法履行职责。工程监理企业应当根据建设单位的委托，客观、公正地执行监理任务，依照法律、行政法规及有关技术标准、设计文件和建筑工程承包合同，对承包单位实施监督。建设单位应当严格按照相关法律法规要求，选择合格的监理企业，依照委托合同约定，按时足额支付监理费用，授权并支持监理企业开展监理工作，充分发挥监理的作用。施工单位应当积极配合监理企业的工作，服从监理企业的监督和管理。二是引导监理企业服务主体多元化。鼓励支持监理企业为建设单位做好委托服务的同时，进一步拓展服务主体范围，积极为市场各方主体提供专业化服务。适应政府加强工程质量安全管理的工作要求，按照政府购买社会服务的方式，接受政府质量安全监督机构的委托，对工程项目关键环节、关键部位进行工程质量安全检查。适应推行工程质量保险制度要求，接受保险机构的委托，开展施工过程中风险分析评估、质量安全检查等工作。三是创新工程监理服务模式。鼓励监理企业在立足施工阶段监理的基础上，向"上下游"拓展服务领域，提供项目咨询、招标代理、造价咨询、项目管理、现场监督等多元化的"菜单式"咨询服务。对于选择具有相应工程监理资质的企业开展全过程工程咨询

服务的工程，可不再另行委托监理。适应发挥建筑师主导作用的改革要求，结合有条件的建设项目试行建筑师团队对施工质量进行指导和监督的新型管理模式，试点由建筑师委托工程监理实施驻场质量技术监督。鼓励监理企业积极探索政府和社会资本合作（PPP）等新型融资方式下的咨询服务内容、模式。四是提高监理企业核心竞争力。引导监理企业加大科技投入，采用先进检测工具和信息化手段，创新工程监理技术、管理、组织和流程，提升工程监理服务能力和水平。鼓励大型监理企业采取跨行业、跨地域的联合经营、并购重组等方式发展全过程工程咨询，培育一批具有国际水平的全过程工程咨询企业。支持中小监理企业、监理事务所进一步提高技术水平和服务水平，为市场提供特色化、专业化的监理服务。推进建筑信息模型（BIM）在工程监理服务中的应用，不断提高工程监理信息化水平。鼓励工程监理企业抓住"一带一路"的国家倡议机遇，主动参与国际市场竞争，提升企业的国际竞争力。五是优化工程监理市场环境。加快以简化企业资质类别和等级设置、强化个人执业资格为核心的行政审批制度改革，推动企业资质标准与注册执业人员数量要求适度分离，健全完善注册监理工程师签章制度，强化注册监理工程师执业责任落实，推动建立监理工程师个人执业责任保险制度。加快推进监理行业诚信机制建设，完善企业、人员、项目及诚信行为数据库信息的采集和应用，建立黑名单制度，依法依规公开企业和个人信用记录。六是强化对工程监理的监管。工程监理企业发现安全事故隐患严重且施工单位拒不整改或者不停止施工的，应及时向政府主管部门报告。开展监理企业向政府报告质量监理情况的试点，建立健全监理报告制度。建立企业资质和人员资格电子化审查及动态核查制度，加大对重点监控企业现场人员到岗履职情况的监督检查，及时清出存在违法违规行为的企业和从业人员。对违反有关规定、造成质量安全事故的，依法给予负有责任的监理企业停业整顿、降低资质等级、吊销资质证书等行政处罚，给予负有责任的注册监理工程师暂停执业、吊销执业资格证书、一定时间内或终生不予注册等处罚。七是充分发挥行业协会作用。监理行业协会要加强自身建设，健全行业自律机制，提升为监理企业和从业人员服务能力，切实维护监理企业和人员的合法权益。鼓励各级监理行业协会围绕监理服务成本、服务质量、市场供求状况等进行深入调查研究，开展工程监理服务收费价格信息的收集和发布，促进公平竞争。监理行业协会应及时向政府主管部门反映企业诉求，反馈政策落实情况，为政府有关部门制订法规政策、行业发展规划及标准提出建议。

4. 2017年7月13日，《住房城乡建设部办公厅关于工程总承包项目和政府采购工程建设项目办理施工许可手续有关事项的通知》（建办市〔2017〕46号）下发。《通知》规定，对采用工程总承包模式的工程建设项目，在施工许可证及其申请表中增加"工程总承包单位"和"工程总承包项目经理"栏目。各级住房城乡建设主管部门可以根据工程总承包合同及分包合同确定设计、施工单位，依法办理施工许可证。对在工程总承包项目中承担分包工作，且已与工程总承包单位签订分包合同的设计单位或施工单位，各级住房城乡建设主管部门不得要求其与建设单位签订设计合同或施工合同，也不得将上述要求作为申请领取施工许可证的前置条件。《通知》要求，对依法通过竞争性谈判或单一来源方式确定供应商的政府采购工程建设项目，应严格执行建筑法、《建筑工程施工许可管理办法》等规定，对符合申请条件的，应当颁发施工许可证。

5. 2017年8月22日，《住房城乡建设部关于开展工程质量安全提升行动试点工作的通知》（建质〔2017〕169号）下发。为深入推进工程质量安全提升行动，不断提升工程质量安全管理水平，决定在部分地区开展工程质量安全提升行动试点工作。通过开展提升行动试点，进一步完善工程质量安全管理制度，落实建设工程五方主体责任，强化工程质量安全监管。通过试点先行、以点带面，充分运用市场化、信息化、标准化等手段，促进全国工程质量安全总体水平不断提升。试点内容包括：监理单位向政府报告质量监理情况试点、工程质量保险试点、建立工程质量评价体系试点、建筑施工安全生产监管信息化试点、建筑施工安全生产标准化考评试点、大型公共建筑工程后评估试点、勘察质量管理信息化试点、城市轨道交通工程双重预防机制试点。

6. 2017年9月22日，《住房城乡建设部　工商总局关于印发建设

工程施工合同（示范文本）的通知》（建市〔2017〕214号）下发。为规范建筑市场秩序，维护建设工程施工合同当事人的合法权益，住房城乡建设部、工商总局对《建设工程施工合同（示范文本）》（GF-2013-0201）进行了修订，制定了《建设工程施工合同（示范文本）》（GF-2017-0201）。新合同示范文本自2017年10月1日起执行，原《建设工程施工合同（示范文本）》（GF-2013-0201）同时废止。

7. 2017年10月25日，《住房城乡建设部办公厅关于进一步推进勘察设计资质资格电子化管理工作的通知》（建办市〔2017〕67号）下发。《通知》规定，实行勘察设计注册工程师网上申报制度。向住房城乡建设部部申请勘察设计注册工程师初始注册、延续注册、变更注册、注销注册时，须通过"全国一级注册建筑师、注册工程师注册管理信息系统"（以下简称"注册管理信息系统"）进行网上申报，不再提交纸质申报材料。加强对申请勘察设计资质企业所报注册人员社保信息的审查。企业向住房城乡建设部申请勘察设计资质时，须报送由社会保险机构出具的注册人员在本企业缴纳社会保险费的证明。对于未在本企业缴纳社会保险费的注册人员，资质审查时不予认可。《通知》要求，各省级住房城乡建设主管部门要加快与有关部门和单位的信息整合和对接，加强本地区工程项目数据库建设。对申请建筑行业、市政行业及其相应专业（人防工程专业除外）工程设计甲级资质（包括申请施工总承包特级资质的企业同时申请的相应设计资质）的企业，未进入全国建筑市场监管公共服务平台的企业业绩和个人业绩，在资质审查时不作为有效业绩认定。《通知》强调，申请注册人员和申请资质企业应当对申报材料的真实性和有效性负责。若发现申报材料中存在虚假内容或者承诺情况与实际情况不符的，住房城乡建设部将依法予以严肃处理，并将其行为记入全国建筑市场监管公共服务平台，对社会公开。加强资质动态核查，省级住房城乡建设主管部门应当按照"双随机、一公开"原则，每年以不低于5%的比例对本地区勘察设计企业资质进行动态核查，重点核查发生质量安全事故、存在建筑市场不良行为记录及注册人员被撤销、吊销注册执业证书的企业。经核查已不符合相应资质标准的企业，省级住房城乡建设主管部门要下发责令限期改正通知书，整改期一般为

3 个月，整改后仍不达标的，依法撤回相应资质。其中，对由住房城乡建设部审批的企业资质，省级住房城乡建设主管部门要将撤回资质建议及相应材料报住房城乡建设部处理。《通知》自 2018 年 1 月 1 日起执行。

8. 2017 年 12 月 11 日，《住房城乡建设部关于开展工程质量管理标准化工作的通知》（建质〔2017〕242 号）下发。《通知》提出，力争到 2020 年底，全面推行工程质量管理标准化。《通知》指出，工程质量管理标准化，是依据有关法律法规和工程建设标准，从工程开工到竣工验收备案的全过程，对工程参建各方主体的质量行为和工程实体质量控制实行的规范化管理活动。其核心内容是质量行为标准化和工程实体质量控制标准化。质量行为标准化是按照"体系健全、制度完备、责任明确"的要求，对企业和现场项目管理机构应承担的质量责任和义务等方面做出相应规定，主要包括人员管理、技术管理、材料管理、分包管理、施工管理、资料管理和验收管理等。工程实体质量控制标准化是按照"施工质量样板化、技术交底可视化、操作过程规范化"的要求，从建筑材料、构配件和设备进场质量控制、施工工序控制及质量验收控制的全过程，对影响结构安全和主要使用功能的分部、分项工程和关键工序做法以及管理要求等做出相应规定。《通知》明确了开展工程质量管理标准化工作的重点任务：建立质量责任追溯制度，建立质量管理标准化岗位责任制度，实施样板示范制度，促进质量管理标准化与信息化融合，建立质量管理标准化评价体系。

9. 2017 年 12 月 11 日，住房城乡建设部印发《建筑市场信用管理暂行办法》（建市〔2017〕241 号）。《暂行办法》要求，信用信息由基本信息、优良信用信息、不良信用信息构成。地方各级住房城乡建设主管部门应当通过省级建筑市场监管一体化工作平台，认定、采集、审核、更新和公开本行政区域内建筑市场各方主体的信用信息。建立健全信息推送机制，自优良信用信息和不良信用信息产生之日起 7 个工作日内，通过省级建筑市场监管一体化工作平台依法对社会公开，并推送至全国建筑市场监管公共服务平台。加强与发展改革、人民银行、人民法院、人力资源社会保障、交通运输、水利、工商等部门和单位的联系，

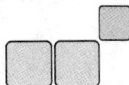

加快推进信用信息系统的互联互通，逐步建立信用信息共享机制。建筑市场各方主体的信用信息公开期限为：基本信息长期公开；优良信用信息公开期限一般为 3 年；不良信用信息公开期限一般为 6 个月至 3 年。各级住房城乡建设主管部门应当充分利用全国建筑市场监管公共服务平台，建立完善建筑市场各方主体守信激励和失信惩戒机制。对信用好的，可根据实际情况在行政许可等方面实行优先办理、简化程序等激励措施；对存在严重失信行为的，作为"双随机、一公开"监管重点对象，加强事中事后监管，依法采取约束和惩戒措施。《暂行办法》规定，县级以上住房城乡建设主管部门按照"谁处罚、谁列入"的原则，将存在下列情形的建筑市场各方主体，列入建筑市场主体"黑名单"：利用虚假材料、以欺骗手段取得企业资质的；发生转包、出借资质，受到行政处罚的；发生重大及以上工程质量安全事故，或 1 年内累计发生 2 次及以上较大工程质量安全事故，或发生性质恶劣、危害性严重、社会影响大的较大工程质量安全事故，受到行政处罚的；经法院判决或仲裁机构裁决，认定为拖欠工程款，且拒不履行生效法律文书确定的义务的。各级住房城乡建设主管部门应当参照建筑市场主体"黑名单"，对被人力资源社会保障主管部门列入拖欠农民工工资"黑名单"的建筑市场各方主体加强监管。各级住房城乡建设主管部门应当将列入建筑市场主体"黑名单"和拖欠农民工工资"黑名单"的建筑市场各方主体作为重点监管对象，在市场准入、资质资格管理、招标投标等方面依法给予限制，不得将列入建筑市场主体"黑名单"的建筑市场各方主体作为评优表彰、政策试点和项目扶持对象。《暂行办法》还规定，省级住房城乡建设主管部门可以结合本地实际情况，开展建筑市场信用评价工作。鼓励第三方机构开展建筑市场信用评价。建筑市场信用评价主要包括企业综合实力、工程业绩、招标投标、合同履约、工程质量控制、安全生产、文明施工、建筑市场各方主体优良信用信息及不良信用信息等内容。省级住房城乡建设主管部门应当按照公开、公平、公正的原则，制定建筑市场信用评价标准，不得设置歧视外地建筑市场各方主体的评价指标，不得对外地建筑市场各方主体设置信用壁垒。鼓励设置建设单位对承包单位履约行为的评价指标。地方各级住房城乡建设主管部门可以

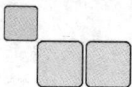

结合本地实际，在行政许可、招标投标、工程担保与保险、日常监管、政策扶持、评优表彰等工作中应用信用评价结果。《暂行办法》强调，省级住房城乡建设主管部门应当指定专人或委托专门机构负责建筑市场各方主体的信用信息采集、公开和推送工作。住房城乡建设部建立建筑市场信用信息推送情况抽查和通报制度。定期核查省级住房城乡建设主管部门信用信息推送情况。对于应推送而未推送或未及时推送信用信息的，以及在建筑市场信用评价工作中设置信用壁垒的，住房城乡建设部将予以通报，并责令限期整改。《暂行办法》自2018年1月1日起施行。

10. 2017年12月28日，《住房城乡建设部办公厅关于取消工程建设项目招标代理机构资格认定加强事中事后监管的通知》（建办市〔2017〕77号）。《通知》规定，停止招标代理机构资格申请受理和审批。自2017年12月28日起，各级住房城乡建设部门不再受理招标代理机构资格认定申请，停止招标代理机构资格审批。建立信息报送和公开制度。招标代理机构可按照自愿原则向工商注册所在地省级建筑市场监管一体化工作平台报送基本信息。信息内容包括：营业执照相关信息、注册执业人员、具有工程建设类职称的专职人员、近3年代表性业绩、联系方式。上述信息统一在住房城乡建设部全国建筑市场监管公共服务平台（以下简称公共服务平台）对外公开，供招标人根据工程项目实际情况选择参考。对存在报送虚假信息行为的招标代理机构，工商注册所在地省级住房城乡建设主管部门应当将其弄虚作假行为信息推送至公共服务平台对外公布。《通知》要求，招标代理机构应当与招标人签订工程招标代理书面委托合同，并在合同约定的范围内依法开展工程招标代理活动。各级住房城乡建设主管部门要加大房屋建筑和市政基础设施招标投标活动监管力度，推进电子招投标，加强招标代理机构行为监管，严格依法查处招标代理机构违法违规行为，及时归集相关处罚信息并向社会公开，切实维护建筑市场秩序。加快推进省级建筑市场监管一体化工作平台建设，规范招标代理机构信用信息采集、报送机制，加大信息公开力度，强化信用信息应用，推进部门之间信用信息共享共用。加快建立失信联合惩戒机制，强化信用对招标代理机构的约束作用，构

续表

序号	标准名称	标准编号	批准日期	实施日期	公告号
59	石油化工液体物料铁路装卸车设施设计规范	GB/T51246-2017	2017/7/31	2018/4/1	1636
60	油气输送管道工程测量规范	GB/T50539-2017	2017/7/31	2018/4/1	1635
61	微电网接入配电网系统调试与验收规范	GB/T51250-2017	2017/7/31	2018/4/1	1634
62	建筑钢结构防火技术规范	GB 51249-2017	2017/7/31	2018/4/1	1633
63	建筑内部装修设计防火规范	GB 50222-2017	2017/7/31	2018/4/1	1632
64	建设工程造价鉴定标准	GB/T51262-2017	2017/8/31	2018/3/1	1667
65	腈纶设备工程安装与质量验收规范	GB/T51259-2017	2017/8/31	2018/3/1	1668
66	液化天然气低温管道设计规范	GB/T51257-2017	2017/8/31	2018/5/1	1663
67	玻璃纤维工厂设计规范	GB 51258-2017	2017/8/31	2018/5/1	1666
68	冶金机械液压、润滑和气动设备工程安装验收规范	GB/T50387-2017	2017/8/31	2018/5/1	1664
69	水泥工厂余热发电设计规范	GB 50588-2017	2017/8/31	2018/5/1	1665
70	机械工厂年时基数设计标准	GB/T51266-2017	2017/9/27	2018/5/1	1699
71	环境卫生技术规范	GB 51260-2017	2017/9/27	2018/5/1	1698
72	煤炭工业矿井工程建设项目设计文件编制标准	GB/T50554-2017	2017/9/27	2018/5/1	1697
73	轻轨交通设计规范	GB/T51263-2017	2017/9/27	2018/5/1	1696
74	房屋建筑制图统一标准	GB/T50001-2017	2017/9/27	2018/5/1	1695
75	双向拉伸薄膜工厂设计标准	GB/T51264-2017	2017/9/27	2018/5/1	1694
76	建筑振动荷载标准	GB/T51228-2017	2017/9/27	2018/5/1	1693
77	工业炉砌筑工程质量验收标准	GB 50309-2017	2017/9/27	2018/5/1	1692
78	煤矿采空区岩土工程勘察规范	GB 51044-2017	2017/10/30	2018/2/1	1710
79	绿色照明检测及评价标准	GB/T51268-2017	2017/10/25	2018/5/1	1712
80	线材轧钢工程设计规范	GB/T50436-2017	2017/10/25	2018/5/1	1713

续表

序号	标准名称	标准编号	批准日期	实施日期	公告号
81	油气田工程测量规范	GB/T50537-2017	2017/10/25	2018/5/1	1714
82	建筑信息模型分类和编码标准	GB/T51269-2017	2017/10/25	2018/5/1	1715
83	油气输送管道跨越工程设计规范	GB/T50459-2017	2017/10/25	2018/5/1	1716
84	住房公积金个人住房贷款业务规范	GB/T51267-2017	2017/10/25	2018/5/1	1717
85	钢质石油储罐防腐蚀工程技术规范	GB/T50393-2017	2017/10/25	2018/5/1	1718
86	住房公积金归集业务规范	GB/T51271-2017	2017/11/20	2018/8/1	1739
87	物联网应用支撑平台工程技术规范	GB/T51243-2017	2017/11/20	2018/8/1	1740
88	建筑防排烟系统技术规程	GB 51251-2017	2017/11/20	2018/8/1	1741
89	钢筋混凝土筒仓设计规范	GB 50077-2017	2017/11/20	2018/8/1	1742
90	纺织工业职业安全卫生设施设计标准	GB 50477-2017	2017/11/20	2018/8/1	1743
91	镁冶炼厂工艺设计规范	GB 51270-2017	2017/11/20	2018/8/1	1744
92	木结构设计规范	GB 5005-2017	2017/11/20	2018/8/1	1745
93	装配式建筑评价标准	GB/T51129-2017	2017/12/12	2018/2/1	1773
94	城镇综合管廊监控与报警系统工程技术标准	GB/T51274-2017	2017/12/12	2018/7/1	1772
95	钢结构设计规范	GB 50017-2017	2017/12/12	2018/7/1	1771
96	软土地基路基监控标准	GB/T51275-2017	2017/12/13	2018/7/2	1774

2017 年批准发布的行业标准   附表 2

序号	标准名称	标准编号	批准日期	实施日期	公告号
1	住宅专项维修资金管理信息信息系统技术规范	CJJ/T258-2017	2017/1/10	2017/7/1	1412
2	住宅专项维修资金管理基础信息数据标准	CJJ/T257-2017	2017/1/10	2017/7/1	1413
3	城镇给水膜处理技术规程	CJJ/T251-2017	2017/1/10	2017/7/1	1414

序号	标准名称	标准编号	批准日期	实施日期	公告号
4	城市照明合同能源管理技术规程	CJJ/T261-2017	2017/1/10	2017/7/1	1415
5	风景园林基本术语标准	CJJ/T91-2017	2017/1/10	2017/7/1	1416
6	房屋建筑和市政工程项目电子招标投标技术标准	JGJ/T393-2017	2017/1/20	2017/7/1	1429
7	城市轨道交通梯形轨枕轨道工程施工及质量验收规范	CJJ226-2017	2017/1/20	2017/7/1	1430
8	动物园管理规范	CJJ/T263-2017	2017/1/20	2017/7/1	1431
9	生活垃圾渗沥液膜生物反应处理系统技术规程	CJJ/T264-2017	2017/1/20	2017/7/1	1432
10	住房公积金管理人员职业标准	JGJ/T407-2017	2017/1/20	2017/7/1	1433
11	建筑基桩自平衡静载试验技术规程	JGJ/T403-2017	2017/2/20	2017/9/1	1468
12	缓粘结预应力混凝土结构技术规程	JGJ387-2017	2017/2/20	2017/9/1	1469
13	预应力混凝土异型预制桩技术规程	JGJ/T405-2017	2017/2/20	2017/9/1	1470
14	锚杆检测与监测技术规程	JGJ/T401-2017	2017/2/20	2017/9/1	1471
15	铸钢结构技术规程	JGJ/T395-2017	2017/2/20	2017/9/1	1472
16	城市综合地下管线信息系统技术规范	CJJ/T269-2017	2017/2/20	2017/9/1	1473
17	动物园设计规范	CJJ267-2017	2017/2/20	2017/9/1	1474
18	建筑震后应急评估和修复技术规程	JGJ/T415-2017	2017/2/20	2017/9/1	1475
19	现浇 X 形桩复合地基技术规程	JGJ/T402-2017	2017/2/20	2017/9/1	1476
20	贯入法检测砌筑砂浆抗压强度技术规程	JGJ/T136-2017	2017/2/20	2017/9/1	1477
21	建筑与小区管道直饮水系统技术规程	CJJ/T110-2017	2017/5/15	2017/11/1	1548

续表

序号	标准名称	标准编号	批准日期	实施日期	公告号
22	焊接作业厂房供暖通风与空气调节设计规范	JGJ 353-2017	2017/5/15	2017/11/1	1549
23	聚苯模块保温墙体应用技术规程	JGJ/T420-2017	2017/5/15	2017/11/1	1550
24	建筑施工测量规范	JGJ/T408-2017	2017/5/15	2017/11/1	1554
25	现浇金属尾矿多孔混凝土复合墙体技术规程	JGJ/T418-2017	2017/5/15	2017/11/1	1555
26	建筑用真空绝热板应用技术规程	JGJ/T416-2017	2017/5/15	2017/11/1	1556
27	中低速磁浮交通设计规范	CJJ/T262-2017	2017/5/15	2017/11/1	1557
28	建筑工程饰面砖粘接强度检验标准	JGJ/T110-2017	2017/5/15	2017/11/1	1558
29	模块化户内中水集成系统技术规程	JGJ/T409-2017	2017/5/15	2017/11/1	1559
30	冲击回波法检测混凝土缺陷技术规程	JGJ/T411-2017	2017/5/15	2017/11/1	1560
31	建筑智能化系统运行维护技术规范	JGJ/T417-2017	2017/4/11	2017/10/1	1518
32	饮食建筑设计标准	JGJ 64-2017	2017/7/31	2018/2/1	1620
33	城市桥梁养护技术规范	CJJ 99-2017	2017/7/31	2018/2/1	1618
34	信息栏工程技术规程	JGJ/T424-2017	2017/7/31	2018/2/1	119
35	城市工程地球物理探测规范	CJJ/T7-2017	2017/8/23	2018/2/1	1652
36	高层建筑岩土工程勘察规程	JGJ/T72-2017	2017/8/23	2018/2/1	1651
37	预应力混凝土管桩技术规程	JGJ/T406-2017	2017/8/23	2018/2/1	1650
38	生活垃圾焚烧厂运行维护与安全技术规程	CJJ 128-2017	2017/8/23	2018/2/1	1649
39	混凝土基体植绿护坡技术规程	JGJ/T412-2017	2017/8/23	2018/2/1	1648
40	桥梁顶升移位改造技术规范	GB/T51256-2017	2017/7/31	2018/4/1	1641
41	城市地下管线探测技术规程	CJJ 61-2017	2017/6/20	2017/12/1	1596
42	混凝土异形柱结构技术规程	JGJ 149-2017	2017/6/20	2017/12/1	1595

续表

序号	标准名称	标准编号	批准日期	实施日期	公告号
43	游泳池给水排水工程技术规程	CJJ122-2017	2017/6/20	2017/12/1	1597
44	城市基础地理信息系统技术标准	CJJ/T100-2017	2017/10/30	2018/6/1	1709
45	装配式住宅建筑设计标准	JGJ/T398-2017	2017/10/30	2018/6/1	1711
46	建筑工程大模板技术标准	JGJ/T74-2017	2017/12/4	2018/6/1	1747
47	既有社区绿色化改造技术标准	JGJ/T425-2017	2017/11/28	2018/6/1	1748
48	城市绿地分类标准	CJJ/T85-2017	2017/11/28	2018/6/1	1749
49	波形钢腹板组合梁桥技术标准	CJJ/T272-2017	2017/11/28	2018/6/1	1750
50	城市轨道交通工程远程监控系统技术标准	CJJ/T287-2017	2017/11/28	2018/6/1	1751
51	城镇供水水质在线监测技术标准	CJJ/T271-2017	2017/11/28	2018/6/1	1752
52	生活垃圾焚烧厂标识标志标准	CJJ/T270-2017	2017/4/11	2017/10/1	1517

附录4 部分国家建筑业情况

法国、德国、英国和日本建筑业增加值及其在 GDP 中的比重　附表1

年份	法国		德国		英国		日本	
	建筑业增加值（十亿欧元）	占 GDP 比重（%）	建筑业增加值（十亿欧元）	占 GDP 比重（%）	建筑业增加值（十亿英镑）	占 GDP 比重（%）	建筑业增加值（十亿日元）	占 GDP 比重（%）
2009	110.00	5.67	93.56	3.81	82.57	5.57	26900	5.71
2010	109.00	5.45	102.00	3.96	83.87	5.38	26200	5.43
2011	111.00	5.39	109.00	4.04	86.79	5.37	26500	5.62
2012	115.00	5.5	111.00	4.04	83.22	5.03	26700	5.64
2013	114.00	5.39	115.00	4.09	85.88	5.01	27914	5.86
2014	108.32	5.67	120.74	4.60	100.60	6.22	27733	5.86
2015	106.16	5.44	124.76	4.57	101.94	6.12	31185	5.92
2016	109.59	5.50	134.94	5.60	108.12	6.19	29371	5.51

数据来源：National Accounts Official Country Data，United Nations Statistics Division.

2013～2017 年法国和德国营建产出及其增长率（2015 年＝100）　附表2

年月	法国		德国	
	营建产出	同比增长率	营建产出	同比增长率
2013-01	100.20	−8.40	96.50	−4.90
2013-02	103.23	8.54	94.80	7.70
2013-03	102.71	−2.61	91.10	−12.60
2013-04	105.04	0.59	98.70	0.00
2013-05	104.92	0.33	98.30	−1.90
2013-06	106.36	1.94	100.00	−0.40
2013-07	106.73	1.80	101.50	0.70
2013-08	106.77	−0.32	101.20	1.50
2013-09	107.34	3.45	101.10	−0.20

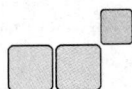

续表

年月	法国		德国	
	营建产出	同比增长率	营建产出	同比增长率
2013-10	105.59	1.53	101.10	0.70
2013-11	105.18	0.18	101.90	2.60
2013-12	106.99	0.37	103.10	6.70
2014-01	105.57	5.36	104.70	13.70
2014-02	104.68	1.40	105.50	16.30
2014-03	104.48	1.72	102.20	12.90
2014-04	103.32	−1.64	102.30	3.80
2014-05	101.61	−3.15	99.80	1.30
2014-06	103.38	−2.80	101.60	1.30
2014-07	101.76	−4.66	101.50	0.20
2014-08	101.13	−5.28	100.70	−0.60
2014-09	100.75	−6.14	100.90	−0.20
2014-10	100.96	−4.38	100.90	−0.30
2014-11	99.19	−5.70	101.20	−0.90
2014-12	100.69	−5.89	102.30	−0.70
2015-01	102.23	−3.16	101.30	−7.40
2015-02	99.09	−5.34	99.00	−9.30
2015-03	101.51	−2.84	100.30	−2.20
2015-04	99.29	−3.90	99.90	−3.00
2015-05	101.43	−0.18	100.40	−0.10
2015-06	100.28	−3.00	98.50	−3.30
2015-07	99.62	−2.10	98.90	−2.30
2015-08	96.99	−4.09	100.50	−0.10
2015-09	100.22	−0.53	98.60	−2.50
2015-10	100.04	−0.91	98.60	−2.60
2015-11	101.57	2.40	99.00	−1.70
2015-12	97.74	−2.93	100.80	4.10
2016-01	104.26	1.99	103.50	3.50
2016-02	96.79	−2.32	107.20	11.50
2016-03	95.15	−6.27	106.60	6.60

续表

年月	法国		德国	
	营建产出	同比增长率	营建产出	同比增长率
2016-04	96.73	−2.58	104.50	4.90
2016-05	98.58	−2.81	104.30	4.00
2016-06	98.64	−1.64	104.80	6.00
2016-07	101.02	1.41	105.90	6.60
2016-08	101.93	5.09	105.50	4.80
2016-09	101.22	1.00	105.20	6.00
2016-10	102.28	2.24	104.80	5.30
2016-11	102.66	1.07	105.20	5.30
2016-12	100.40	2.72	105.90	4.50
2017-01	99.54	−4.53	100.50	−4.40
2017-02	104.03	7.48	108.80	2.10
2017-03	101.64	6.82	109.80	3.20
2017-04	102.75	6.22	110.80	6.20
2017-05	102.87	4.35	109.60	5.20
2017-06	102.29	3.70	109.50	4.20
2017-07	102.82	1.78	109.20	2.80
2017-08	102.42	0.48	108.80	3.00
2017-09	102.78	1.54	109.70	3.90
2017-10	102.75	0.46	108.80	3.20
2017-11	102.33	−0.32	109.70	3.70
2017-12	107.63	7.20	109.30	2.90

数据来源：欧盟统计局，Wind 数据库。

美国建筑业增加值及占 GDP 比重（单位：十亿美元,%）　附表 3

年份	建筑业增加值	建筑业增加值占 GDP 比重（%）
1997	341	4.0
1998	381	4.2
1999	418	4.3
2000	462	4.5
2001	488	4.6

续表

年份	建筑业增加值	建筑业增加值占 GDP 比重（%）
2002	495	4.5
2003	527	4.6
2004	588	4.8
2005	654	5.0
2006	698	5.0
2007	715	4.9
2008	653	4.4
2009	577	4.0
2010	542	3.6
2011	547	3.5
2012	584	3.6
2013	621	3.7
2014	674	3.9
2015	740	4.1
2016	793	4.3
2017	826	4.3

数据来源：美国经济分析局，Wind 数据库。

日本以投资者分类的新开工建筑面积（单位：千平方米）　附表4

年份	总计	中央政府	都道府县	市町村	企业	非企业团体	个人
1985	199560	4525	4703	11234	66998	11193	100907
1990	283421	4591	5542	12878	128226	12870	119315
1995	228145	4505	5754	11045	80475	13438	112927
2000	200259	3815	3791	8115	79295	14200	91043
2005	186058	1695	1975	5591	93126	11379	72293
2009	115486	1472	1641	4920	47428	7720	52306
2010	121455	1178	1751	5343	48751	10278	54154
2011	126509	1207	1963	5299	51874	12379	53786
2012	132609	1168	1867	5567	57752	10933	55321
2013	147673	1299	2030	6257	63439	12287	62360

续表

年份	总计	中央政府	都道府县	市町村	企业	非企业团体	个人
2014	134021	1122	2308	6286	59960	12218	52127
2015	129624	876	1667	4803	61894	9107	51277
2016	132962	1306	1671	4422	64458	9076	52028

数据来源：日本统计年鉴2018。

日本以投资者分类的新开工建筑成本估计值（单位：十亿日元）　附表5

年份	总计	中央政府	都道府县	市町村	企业	非企业团体	个人
1985	23223	647	661	1626	7764	1473	11053
1990	49291	890	1088	2553	24302	2618	17840
1995	37892	985	1335	2752	11737	2691	18391
2000	31561	849	836	1836	10569	2790	14682
2005	28027	305	397	1073	12694	2058	11500
2009	20407	314	341	1069	8192	1622	8869
2010	20691	236	382	1164	7735	1999	9175
2011	21303	230	408	1151	7932	2427	9154
2012	22026	228	389	1186	8550	2177	9496
2013	25436	302	460	1436	9773	2599	10866
2014	24606	264	534	1607	9934	2892	9375
2015	25139	247	409	1271	11450	2321	9441
2016	26315	464	445	1258	12007	2468	9673

数据来源：日本统计年鉴2018。

日本以构造类型分类的新开工建筑面积（单位：千平方米）附表6

年份	木质建筑	钢结构或者混凝土建筑	混凝土建筑	钢结构建筑	混凝土砌块建筑	其他
1985	70493	17748	42571	67926	528	293
1990	85397	32288	58061	106841	460	374
1995	84167	17775	43847	81575	351	431
2000	72023	17245	37565	72804	156	465
2005	63270	5440	46640	70067	101	540
2009	48225	2753	24280	39693	79	456

续表

年份	木质建筑	钢结构或者混凝土建筑	混凝土建筑	钢结构建筑	混凝土砌块建筑	其他
2010	52255	2818	25190	40609	88	494
2011	52799	2982	28994	41115	87	532
2012	54804	2404	29891	44753	103	653
2013	61969	3424	29846	51529	123	783
2014	53498	3201	27224	49225	93	780
2015	53615	2781	23233	49077	90	828
2016	56579	2289	23817	49113	109	1054

数据来源：日本统计年鉴2018。

日本以构造类型分类的新开工建筑成本估计值（单位：十亿日元）　附表7

年份	木质建筑	钢结构或者混凝土建筑	混凝土建筑	钢结构建筑	混凝土砌块建筑	其他
1985	7352	3057	6155	6586	51	22
1990	11248	9260	12947	15753	51	32
1995	13328	4067	8726	11682	44	45
2000	11454	3523	6861	9636	27	60
2005	9616	1010	8000	9305	12	84
2009	7554	730	5318	6731	13	60
2010	8182	638	5187	6622	13	49
2011	8280	711	5712	6537	13	50
2012	8642	537	5798	6967	19	62
2013	9911	877	6083	8467	19	79
2014	8722	884	6209	8688	16	86
2015	8868	908	5583	9683	15	82
2016	9391	706	6055	10024	20	120

数据来源：日本统计年鉴2018。